AF746292

JE LE JURE

LE THÉÂTRE DE L'HUMAIN DANS LE QUOTIDIEN DES TRIBUNAUX

Les impliqués
Éditeur

Fondée en 2014, notre maison d'édition se consacre à la publication d'ouvrages relevant de divers domaines : littérature, récits personnels, premiers romans et nouvelles, essais en sciences humaines, religion, économie, etc.

Les impliqués ont pour vocation de publier, après sélection, les manuscrits qui leur sont confiés. Ils proposent ainsi aux auteurs de faire de leur projet d'écriture une réalité et d'éditer, après une réelle collaboration avec eux, leur ouvrage issu de leurs souvenirs, de leur imagination, de leurs rêves, de leur recherche ou encore de leur travail.

Antoine Janot

JE LE JURE

LE THÉÂTRE DE L'HUMAIN DANS LE QUOTIDIEN DES TRIBUNAUX

Les impliqués
Éditeur

© 2024, Les impliqués
5-7, rue de l'École-Polytechnique – 75005 Paris
www.lesimpliques.fr
contact@lesimpliques.fr
ISBN : 979-10-428-0227-1
EAN : 9791042802271
Pour l'envoi de vos manuscrits : voir à la fin de cet ouvrage

SOMMAIRE

Quelques chiffres en préambule

4,5 millions : affaires traitées par la justice en 2019.
8 % des condamnations concernent des meurtres, 23 % concernent des vols, et 18% le trafic de stupéfiant.
17 % des personnes qui comparaissent sont des femmes.
25 % des délits jugés se concluent par de la prison ferme.
31 % des personnes prévenues disposant de moins de 300 € mensuels ont été condamnées à de l'enfermement ferme contre 7 % de celles déclarant au moins 1500 €.

73 000 personnes détenues en France en 2023, un chiffre qui n'a jamais été aussi élevé, dont 20 000 en détention provisoire dans l'attente d'un jugement.
3,6 % des détenus sont des femmes.
9 % des détenus étaient SDF.
44 % des détenus ont entre 18 et 30 ans.
76 % des détenus ont un niveau inférieur ou égal au CAP.
80 % des détenus souffrent de problèmes psychiatriques telles que la dépression, la dépendance à l'alcool ou aux stupéfiants, dont 25% de troubles psychotiques.

42 % des détenus bénéficient d'une cellule individuelle, seulement 1 sur 5 en détention provisoire.
2 133 personnes sont contraintes de dormir sur des matelas par terre.
45 prisons condamnées pour traitements inhumains ou dégradants par la justice française et/ou par la Cour européenne des droits de l'homme.
135 € : montant payé par l'état par jour de détention et par détenu en France, contre 348 € en Norvège.
8 mois : durée moyenne de la détention.

14 % des personnes détenues bénéficient d'une formation professionnelle.

60 % : taux de récidive d'un délinquant dans les 5 années suivant sa libération.
7 % des meurtriers récidivent, 5 % des violeurs.

Sources

- Ministère de la Justice, « Les chiffres clés de la justice, Édition 2022 »
- Ministère de la Justice, « Statistiques trimestrielles - Milieu fermé - Premier trimestre 2023 »
- CESE "La réinsertion des personnes détenues : l'affaire de tous et de toutes", novembre 2019
- INSEE Sécurité et société – Insee Références – Édition 2021
- Rapport « Dignité en prison » de l'Observatoire international des prisons - section française, publié avec le soutien d'Amnesty International le 16 juin 2022.
- Statistiques Pénales Annuelles du Conseil de l'Europe, «Les établissements pénitentiaires en Europe 2005-2015 : Volume 1», publié en 2019

PRÉFACE

Cet ouvrage est le récit de vérités et de mensonges, d'amours et de trahisons, de meurtres et d'héroïsme, de viols et de déni, de braquages, de trafics, de regrets et de rébellions. Il est un condensé de vies dont on essaye de comprendre le parcours jusqu'à aujourd'hui, jusque dans cette salle de tribunal où se joue en grandes pompes le théâtre de la comédie humaine.

Pendant six mois, j'ai arpenté les tribunaux d'Île-de-France et assisté à une centaine de procès, allant des cours d'assises jusqu'aux comparutions immédiates. Je ne connaissais rien à la justice, pas plus que je connaissais le déroulement d'un procès. Un procès est peut-être l'une des cérémonies les plus ritualisées de notre société encore aujourd'hui car, comme l'écrivait Antoine Garapon, *le procès est une domestication de la violence par le rite*[1]. Dans notre culture occidentale, le règlement des conflits obéit à une mise en scène précise et quelque peu empruntée, il faut bien l'admettre. Comme au théâtre, les acteurs (jurés, procureur, juges et huissiers) sont appelés sur scène après une sonnerie. D'ailleurs, l'ensemble de ces acteurs est appelé *la Cour*, terme également employé au théâtre pour qualifier un des côtés de la scène ; la plupart des acteurs portent des costumes (procureur, avocats, juges, greffiers, policiers et huissiers), souvent surélevés par une estrade ; l'ordre de passage est ritualisé ; des

---

1 . Antoine Garapon et Ioannis Papadopoulos, *Juger en Amérique et en France*, Paris, Odile Jacob, 2010.

suspensions d'audience comme des entractes ; le public est tenu au silence tandis que les protagonistes s'appellent entre eux du nom de leur fonction dans une désuétude assumée. Cette mise en scène, que l'on pourrait croire superficielle, se rend pourtant vite indispensable pour imposer la solennité requise aux débats et au jugement. La manifestation de la vérité est le cœur même d'un procès, un champ de bataille où les avocats se déchirent dans les règles de l'art, où accusés et victimes s'affrontent publiquement et où les experts scientifiques tentent d'apporter un peu d'objectivité là où tout est si mouvant. Et c'est alors ici, dans un inlassable ballet de mots, qu'on joue et rejoue la même scène de crime ou de délit, la Cour n'ayant que son intime conviction pour juger de la version la plus convaincante.

La mise en scène des tribunaux veut faire croire à une représentativité objective de la société qui ne juge ici que le droit et non le bien, mais c'est une illusion. Le droit est intimement lié à la morale, qu'on le veuille ou non, car la Justice est orchestrée avant tout par des humains. Si un juge n'est pas là pour décider de ce qui est moral mais de ce qui est juste, c'est-à-dire conforme à la loi, la frontière n'est parfois pas si claire. C'est cette complexité de la justice qui m'intéresse, une justice qui recherche le bien commun mais qui ne peut pas s'abroger du jugement personnel, car ce sont bien des personnes qui jugent, avec leurs humeurs, leur personnalité, leur sensibilité et leurs faiblesses.

Lors d'un procès, les masques tombent malgré les costumes. Avocats, juges et procureurs finissent rapidement par montrer leur vrai visage, bien souvent incapables de rester impassibles aux histoires qui se jouent devant eux. Dans les tribunaux se jouent en effet les sentiments les plus intimes et les plus extrêmes, des tranches de vie qui émeuvent, affligent ou révoltent. L'humain côtoie l'inhumain en chacun ; et la justice, malgré tous ses garde-fous, se révèle profondément subjective. Il existe des juges laxistes, sévères, humanistes, nationalistes, intransigeants, méprisants, pédagogues, tout autant de qualificatifs qu'il en existe dans la vie civile. Cette subjectivité du jugement, malgré le théâtre d'une représentativité objective, m'a frappé ; et c'est ce paradoxe que je trouve fascinant. C'est également sur ce paradoxe que nombre d'avocats jouent aux assises, s'adressant souvent non plus à la raison des jurés mais directement à leurs émotions et à leur empathie. Bien sûr, cela remet en question l'impartialité présumée de la justice mais aussi la confiance qu'on a en elle. Car malgré ce que notre système judiciaire veut faire croire, la justice est ce fragile équilibre entre la loi et la morale, entre un ensemble de règles et de convictions personnelles, entre un script et son interprétation.

Note avant lecture
Exception faite des affaires les plus médiatisées, les noms et prénoms des personnes citées dans cet ouvrage ont été modifiés pour préserver leur anonymat.

Chapitre 1
LE JUSTE POIDS

Dans la cour d'assises de Nanterre, ce 9 février 2023, se passe une scène surprenante. Après l'avoir retirée de son scellé, les jurés, les avocats et les magistrats se passent une longue carabine de mains en mains pour la soupeser et estiment à haute voix le poids de l'arme qui a servi au meurtre de Karim.

— 1 kilo ou 1 kilo 5 je dirais ..., estime l'experte de la police scientifique.

— Oh non, ça fait au moins 2 kilos ! s'exclame la présidente qui tient l'arme à son tour.

L'huissier, dont tout le corps et la tête donnent l'impression d'une tortue sortie trop tôt de l'eau, tout amusé par cette scène inédite, passe l'arme tout sourire à l'avocat du frère de la victime. L'avocat fait la moue, difficile de dire. Tant pis, aux avocats des accusés de soupeser l'arme maintenant.

— Hmm ...1 kilo 6 ? tente une avocate sans trop y croire.

Quand l'huissier fait passer l'arme aux jurés, beaucoup restent muets, manifestement impressionnés d'avoir entre les mains le fusil calibre 12mm qui tua deux ans plus tôt un homme qui tentait de prendre la fuite. Karim, dont on a vu la photo du torse criblé de plomb quelques minutes auparavant, avait tenté d'arnaquer des vendeurs de shit sur fond de guerre de gangs entre Suresnes et La Garennes-Colombes. Les deux accusés l'avaient retrouvé, puis ont attendu qu'il se gare pour tirer deux fois depuis le toit ouvrant de leur voiture. Une première fois dans la portière de la Clio noire de Karim, raté. Une seconde fois alors qu'il avait réussi à s'enfuir de sa voiture, touché. Tour à tour, les jurés se mettent dans la peau des tueurs, le fusil à la main, en fait dans les deux mains tellement il est long. La plupart se contentent de soupeser l'arme du crime en hochant la tête pour montrer qu'effectivement elle est bien lourde, puis la passe au voisin comme on s'échangerait du pain à table.

— 2 kilos 4 ? se risque un des jurés à voix basse avant de donner le fusil en offrande au Procureur général.

Alors que je commence à me demander si l'huissier va ensuite passer l'arme aux meurtriers pour qu'ils puissent jouer à leur tour, une avocate met fin aux débats.

— 3 kilos ! s'exclame-t-elle victorieuse. Je viens de regarder sur internet !

Hochements de tête de la part des assesseurs et des jurés, admiratifs du discernement de la présidente qui, contre l'avis de l'experte, avait soutenu que l'arme était bien plus lourde qu'elle le suggérait. S'ils avaient pu l'applaudir, ils l'auraient fait.

Chapitre 2
CE SOIR, C'EST LE JOUR DE TA MORT

Il est 19h et la nuit siffle en longues plaintes aigües dans le tribunal désert de Bobigny. Enfin libre, le vent joue seul dans cette grande cage vide aux airs de far-west. Malgré l'heure tardive de ce lundi 13 mars, la salle des comparutions immédiates est encore allumée.

Mr Kardir est le dernier de cette longue journée à se présenter. Massif, les mains robustes comme des planches, et la voix grave de cinquante années remplies de colère, il affronte la justice sans avocat. Une traductrice arabe, toute frêle à côté de lui, aurait voulu être ailleurs, surtout pas aux côtés de ce mari accusé d'avoir battu une nouvelle fois sa femme qu'il frappe depuis maintenant 14 ans. Elle avait déjà déposé une main courante il y a quelques années, mais cette fois elle a porté plainte. Cette fois, il l'a tabassée devant ses deux enfants de quatre et huit ans. Des coups de poings au visage, des coups de balai avant de la traîner par les cheveux dans l'appartement, devant ses enfants. *Jette-toi par la fenêtre. Ce soir, c'est le jour de ta mort*, lui avait-il dit avant qu'elle ne parvienne miraculeusement à s'échapper. Si elle a eu le courage d'aller jusqu'au commissariat, elle n'a pas eu la force de témoigner aujourd'hui et ne répond plus à aucun appel, ni à ceux de la police ni à ceux de la justice. Elle veut disparaître.

Mr Kardir ne parle pas bien français même s'il le comprend parfaitement. Quand la juge lui demande de s'expliquer, il brandit son téléphone en la tutoyant, s'approche de son pupitre et lui met son portable sous les yeux :

— Regarde elle a un autre homme ! Quelqu'un a pris ces photos quand il est allé prendre mes affaires, il y a quelqu'un avec elle, t'as vu ?

La juge relève la tête de ces photos volées, elle n'a pas l'habitude qu'on la tutoie.

— Monsieur, je vous arrête tout de suite, vos problèmes de couple ne justifient rien.

— Mais regarde ! Tout ça c'est un coup monté ! Les coups c'est pas moi, c'est elle qui se les est fait elle-même !

La jeune procureure détourne les yeux de la scène pour ne pas laisser éclater sa rage. La présidente reste calme, il ne doit sans doute pas être le premier à accuser sa femme d'automutilation.

— Monsieur, les problèmes de couple ne se règlent pas par la violence. Vous savez, juste avant vous on avait quelqu'un qui frappait sa femme parce qu'elle n'avait pas fait le ménage. Y en a c'est parce qu'elle avait pas bien cuisiné.

Mr Kardir ne démord pas et rapproche le téléphone de la présidente pour qu'elle regarde les photos volées, consterné qu'elle ne le soit pas autant que lui.

— Vous dites que les fractures et les hématomes qu'ils ont constaté à l'hôpital c'est elle qui se les est faits !?

— Oui. C'est un coup monté ! Tout ce qu'elle veut c'est récupérer l'appartement et les enfants ! proteste-t-il.

— Monsieur, si c'était un coup monté, pourquoi vos enfants mentiraient quand ils disent que vous tapez leur mère, que vous l'insultez et que vous leur criez dessus ? Pendant leur déposition, vos enfants répétaient sans cesse : *Papa est méchant. Papa est méchant.*

Plein de hargne, l'homme martèle que les enfants ont été embrigadés par leur mère, qu'il n'est qu'une victime dans ce complot, une victime ? C'en est trop pour la jeune procureure qui l'assassine dès le début de son réquisitoire. Une banale histoire de femme battue, une banale défense d'homme violent, un féminicide qui sera tout aussi banal si la justice n'intervient pas.

Chapitre 3
LA PRÉSIDENTE

— Vous vivez où ? demande la juge Broult, une petite dame d'une soixantaine d'années aux cheveux teint châtain et au regard aride derrière ses lunettes rondes.

— Chez ma grand-mère. Je vis chez elle parce qu'elle a 94 ans et Alzheimer.

— Et vous devriez pas vous occuper de votre grand-mère plutôt que de vous retrouver là ? demande-t-elle sèchement au jeune homme qui malgré ses 21 ans paraissait déjà vieux. Et vos parents ?

— Je suis fils unique.

— C'est bien pour eux d'avoir un fils unique qui fait des bêtises..., ironise-t-elle, exaspérée par la nonchalance du jeune homme maigre et trop tôt sorti de la puberté, présenté en comparution immédiate pour vol en réunion.

— Je vois que vous n'avez même pas eu votre CAP Pâtissier, pourquoi ?

— J'ai passé le concours mais je ne l'ai pas eu, lui répond honteux le jeune homme à la tête de Dalton, cheveux bruns coiffés sur le côté, des traits si anguleux qu'ils lui tranchent le visage.

La juge Broult reprend la lecture du rapport de personnalité rédigé par une psychologue.

— Je vois que vous êtes auto-entrepreneur, auto-entrepreneur en quoi ?

— UberEats, je fais des livraisons à domicile.

— Je ne sais pas combien il y a de gens qui passent par ces tribunaux et qui font UberEats … , déplore à voix basse la juge.

Ils sont trois dans le box des accusés, tous fraîchement adultes. La juge Broult, elle, est de la vieille école. Répression et tolérance zéro, surtout envers ces petits jeunes qui pourrissent son tribunal. Bientôt à la retraite, peut-être en a-t-elle trop vu des jeunes délinquants passer à la barre et revenir sans cesse au bout de quelques mois, se moquant des sanctions comme d'une banale heure de colle. Car eux aussi ont déjà un tas de mentions à leur casier judiciaire.

— Alors, vous avez dix mentions dont deux condamnations pour conduite en état d'ivresse, violences ayant entraîné une incapacité de travail inférieure ou égale à huit jours, deux pour violences sur un agent dépositaire de l'autorité publique quand vous étiez mineur, extorsion d'argent, trois pour vol quand vous étiez mineur également, vous avez commencé tôt dis donc …, commente-t-elle à voix haute en parcourant le casier du prochain accusé. Vous avez un casier judiciaire fourni Mr Elwasni.

Avachi sur sa chaise, Mr Elwasni ne l'écoute même pas.

— Mr Elwasni, levez-vous ! gronde la juge alors qu'il est le seul assis de la petite bande.

— Je suis désolé, j'ai pas bien dormi en garde à vue, proteste-t-il d'une voix pleine d'arrogance en se levant péniblement.

— Mr Elwasni, on ne pourra pas faire l'étude de votre personnalité puisqu'en garde à vue vous avez refusé de répondre aux questions de personnalité vous concernant.

Elle lit le procès-verbal puis continue :

— Apparemment, vous avez dit aux policiers que vous vouliez dormir.

Elle le regarde mais il ne réagit pas. Habitué des tribunaux, il semble n'en avoir vraiment rien à faire de tout ça, nullement impressionné par le dispositif ou par l'enjeu. Au-delà de l'arrogance ou du mépris, ce procès lui était indifférent.

— Vous travaillez ?

— Oui, je travaillais avant.

— Vous avez des documents pour le prouver ? Des fiches de paie, un contrat ?

— Non, c'était ma copine qui les avait, mais elle est en prison maintenant.

— Mais qu'est-ce que vous me racontez ? s'impatiente la Présidente. Votre copine a emmené vos fiches de paie en prison !?

— Madame ! implore une voix dans le public, il est schizophrène ! Je suis sa maman, il est schizophrène !

Tout le monde se tourne vers cette mère affolée qui porte un mouchoir blanc à la main, assise au premier rang du jugement de son fils. Ronde, le visage voilé d'inquiétude, elle regarde impuissante son fils derrière la vitre qui les sépare.

— Personne ne vous a autorisé à parler, enrage la juge. Est-ce que vous avez amené des documents prouvant son état de santé ?

— Non... personne ne m'a dit que je devais ramener ça.

— Ce ne sera pas nécessaire, vous l'apporterez au greffier plus tard, lui lance-t-elle sans conviction, pressée de se débarrasser d'elle.

Elle se tourne vers le jeune délinquant déjà bien expérimenté :

— Mr Elwasni, vous avez quelque chose à ajouter ?

— Je demande à être libéré, c'est tout.

— Bon, je n'ai pas d'autres questions, conclut la juge Broult désabusée. Mesdames et messieurs les avocats ? Madame la Procureure Générale ? Rien ? Bien, vous pouvez vous rasseoir si vous avez envie de dormir.

Dans une ultime provocation, il se rassoit aussitôt, sans un mot de remerciement pour la juge. Il doit avoir 24 ans aujourd'hui, et il en a déjà passé 4 en prison. Il n'a peur de rien, ça se sent, et veut seulement qu'on lui foute la paix. Tout ça est un jeu pour lui dans lequel de toute façon il n'a pas grand-chose à perdre.

C'est le tour du troisième prévenu. J'avais l'impression d'un gladiateur qui arrivait dans l'arène. Elle parcourt le rapport de personnalité avant de tirer la première flèche :

— Donc vous aviez un travail ?

— Oui, je travaillais à Lidl.

— Et vous avez arrêté quand ?

— Il y a quelques mois.

— Dans votre interpellation, vous dites : *Je suis au chômage depuis trois mois et je n'ai pas envie de travailler.* Mais, monsieur, ce n'est pas ça la vie d'adulte, le sermonne-t-elle avec un mépris non dissimulé. Vous avez des diplômes ?

— Non.

— Vous avez zéro diplôme, donc vous êtes pas très utile à la société ..., soupire-t-elle.

Les personnes de l'assistance se regardent, gênées et estomaquées par cette humiliation publique qu'elle inflige au jeune homme.

— Qu'est-ce qui vous nourrit ?

— Ma mère.

— Donc elle travaille, et vous glandez, c'est ça ? renchérit-elle sans attendre de réponse.

Dans l'attente du délibéré, l'audience est suspendue une vingtaine de minutes et tout le monde est prié de quitter la salle. Dehors, des petits groupes se rassemblent :

— Mais quelle connasse la juge ! s'exclame à voix basse une étudiante en droit venue avec sa classe.

Personne n'a osé s'insurger à voix haute, mais il est certain que la juge a dépassé les limites du professionnalisme. Quel intérêt de dire une chose pareille sinon de ne faire qu'accroître la haine envers ce système qui les humilie plutôt que de les accompagner ? Ces garçons-là vivent en cité dans des milieux pauvres, il leur manque à chacun une mère ou un père, parfois même les deux, et la juge ne fait aucune distinction entre paresse et renoncement.

Plus de 90 % des personnes incarcérées n'ont pas le bac. Mais cela ne signifie pas que la criminalité ne concerne que des personnes socialement fragiles. Non, cela signifie que la tranche la plus aisée et la plus éduquée de la population a simplement plus de moyens pour se défendre. Il existe quelque chose d'intrinsèquement injuste dans la justice, car elle s'applique très majoritairement à ceux qui sont sans défense, et dont les très faibles revenus ne permettent de faire appel qu'à des avocats commis d'office plus ou moins motivés par la défense de leur client. Ainsi, des chefs d'entreprise ayant volé des centaines de milliers d'euros à l'état s'en sortent avec un acquittement pour vice de procédure alors qu'un petit trafiquant de stupéfiant se retrouve à faire un an de prison ferme. Comme le disait l'avocat Bryan Stevenson : *Le contraire de la pauvreté n'est pas la richesse, mais la justice.*

Le délibéré eut lieu. La Juge Broult voulait en finir vite car à peine étais-je rentré dans la salle d'audience qu'un des trois repartait déjà les menottes dans le dos, le moins *utile* je présume.

Chapitre 4
L'INTERROGATOIRE

— Donc vous vous appelez Mamadou Koïta ?
— Oui.
— Vous êtes né au Mali ?
— Oui.
— Vous êtes de nationalité malienne ?
— Oui.
— Vous parlez français ?
— Oui.
— Vous pouvez lire et écrire en français ?
— Oui.
— Vous savez aussi dire non ?
— Oui.

Chapitre 5

FIN DE PARTIE

Le tribunal judiciaire de Paris est le fleuron des palais de Justice. Moderne, tout en verre et lumineux, de blanc et de bois, il est superbe, majestueux, imposant et étrangement chaleureux à la fois. On y marche comme on marcherait au paradis, avec un sentiment de pureté et d'immaculé. Pourtant, le gratte-ciel concentre le plus grand nombre de délits en France, jugés dans 90 salles d'audience.

Ici, ce ne sont pas des feuilles scotchées maladroitement à l'entrée de la salle d'audience qui annoncent le programme, mais des pupitres numériques à écran tactile incliné. Le tribunal est doté de deux salles de comparutions immédiates, et c'est dans la 06.4 que je me rends religieusement.

Dans la nuit du 12 février 2023, deux gamins de 18 ans sont rentrés au domicile d'un jeune homme qu'ils connaissaient et l'ont frappé avant de voler tout ce qu'ils pouvaient, au seul motif qu'il était homosexuel. Dans les parties civiles, l'association SOS Homophobie se tient aux côtés de la victime dans une salle comble. Les deux gamins dans le box écoutent leurs avocats leur donner les dernières consignes comme le ferait un coach à leur boxeur avant d'entrer dans le ring. Le premier semble ailleurs. Calme, le dos droit, il ne dira qu'une seule chose : qu'il n'a rien à dire. Le second, lui, est tétanisé. Pendant les réquisitions du procureur qui demande la prolongation de leur détention provisoire à la prison de Fresnes, Karim prie à voix basse, les yeux baissés, basculant légèrement la tête de haut en bas, prostré. Il croise le regard de ses deux potes venus le soutenir et fond en larmes. Les apprentis caïds sont dans la cour des grands maintenant. Quand la présidente lui donne la parole, le gamin ne parvient pas longtemps à retenir ses larmes :

— Madame, s'il vous plait, je peux pas retourner en prison. Fresnes c'est choquant, c'est choquant … je me suis retrouvé avec des mecs, ils sont énormes, ils ont des muscles comme ça …, mime-t-il avec ses bras, et là-bas c'est sale, c'est tellement sale …

Au bord de la crise d'angoisse, Karim n'arrive plus à parler. Son avocat essaie de venir à son secours :

— Regardez, il est mort de trouille. Il ne sort même pas en promenade tellement il a peur. Fresnes, tout le monde le sait, est l'une des pires prisons de France.

Ce gamin qu'on détestait quand la président lisait les chefs d'accusation se retrouve soudainement dans la peau de la victime à protéger. Lui qui avait violenté, menacé et volé le voilà qui se retrouve à son tour menacé et terrorisé. Fresnes, la seconde prison la plus peuplée de France après Fleury-Mérogis, est effectivement connue pour ses conditions indignes d'hygiène, ses cellules minuscules, coutumière des rats et des punaises de lits, des infections et d'une insécurité permanente. Les condamnés aux peines très lourdes côtoient les présumés innocents en attente de leur procès. La justice, aujourd'hui, hésite à broyer le jeune adulte et à discerner la brute homophobe de l'enfant apeuré.

— J'ai tellement de choses à vous dire que je n'arrive pas à parler, bégaye-t-il.

Dans le beau box de verre, de blanc immaculé et de bois, il se rassoit, abasourdi, le visage déformé par la peur, éprouvant le contraste d'une justice qui se décide au paradis alors que les peines, elles, s'exécutent en enfer.

Chapitre 6
LE POINT D'ACCUSATION

Après une séance de plus de trois heures en chambre correctionnelle, je me dirige vers la machine à café du tribunal, oasis où s'agglutinent par vagues les quelques humains qui rôdent au premier étage. Le palais de justice de Nanterre donne cette étrange impression d'être toujours vide, un grand calme presque trop calme régnant sur l'imposant hall de béton alors que chaque jour des destins sont tranchés dans la souffrance, des familles déchirées, des crimes jugés. Rien ne laisse entendre que ces murs de béton sont les témoins silencieux de toutes ces vies qui se jouent. Tout est gris, comme si les couleurs ne voulaient pas se prononcer. Alors que je mets mes premières pièces dans la machine, un greffier bondit sur moi :

— Alors mais tu étais où !? Tu aurais dû rester, c'est génial !

Ce matin je m'étais en effet rendu à la cour d'assises pour assister à un début de procès qui ne m'emballait guère. C'était le greffier que je croisais à chaque fois dans le SAS de cette fameuse Salle 1 qui était en train de me parler, ménageant difficilement son enthousiasme dans sa grande robe noire alors qu'il s'était jusqu'alors toujours vêtu d'un sérieux presque religieux. C'était la première fois qu'on se parlait autrement que pour se dire un bonjour poli :

— Ah t'aurais dû rester ! me répète-t-il. C'est fou en fait c'est trois gars qui ont enchaîné les braquages, ils ont fait quoi 30 ou 40 braquages armés c'est fou ! Des Monoprix, des Carrefours …

— Mais attends ce matin quand j'y étais c'était un mec tout seul qui faisait du trafic de stupéfiant …

— Non non c'est pas pour les stup' qu'il est là, c'est pour des hold-up ! Et puis ils sont trois en fait. Y en a un qui est en cavale, et un autre qui sera jugé plus tard. Lui c'est le premier à être jugé. Là y en a encore pour deux semaines, ils montrent les vidéos de surveillance des magasins qui ont été braqués.

— Ahhh mais c'est pour ça alors qu'il y a des jurés, je me demandais pourquoi un trafic de stupéfiant méritait tout ce monde.

Le greffier ressemble à une petite tortue chauve aux yeux écarquillés.

— Y a même eu un mort ! s'émeut-il les yeux écarquillés.

— Un mort ?

— Oui enfin pas directement, c'est une dame qui était fragile et qui a fait un arrêt cardiaque avec l'émotion. Non non faut que tu viennes voir ça, insiste-t-il sans avoir encore bu une seule goutte de son café.

Je me souviens mieux maintenant. Le prévenu s'appelait Walid, 39 ans. Il m'avait marqué parce que sa voix manquait de naturel, s'efforçant de l'adoucir pour paraître moins coupable. J'avais assisté au compte-rendu de l'*Étude de personnalité*, et deux choses m'avaient marqué malgré le ton soporifique du psychologue. La première était que personne ici ne comprenait pourquoi il s'était voué au trafic de drogue alors qu'il avait de bons résultats scolaires et qu'une carrière de boxeur s'offrait à lui, remportant même les championnats d'Île-de-France quand il était jeune.

— Je ne sais pas Monsieur le Président. Une des psychologues m'a dit que c'était peut-être en raison d'un manque d'affection de mes parents. Mais franchement, j'ai eu une enfance normale. Je sais pas.

L'ennuyeux psychologue fit ensuite mention d'un événement décisif selon lui dans le parcours du prévenu, un événement qui avait traumatisé le jeune Walid à l'âge de 12 ans : le braquage de la boutique de sa mère. C'est ce qui la poussa à quitter le 17e arrondissement de Paris pour revenir dans leurs terres d'origine à Vitry en banlieue parisienne.

Le jeune Walid en parlera à plusieurs reprises au psychologue. Mais malgré ce traumatisme, il s'est pourtant adonné adulte à une impressionnante série de braquages. Était-ce le moyen de se venger et de faire vivre aux autres ce qu'il a vécu ? Était-ce son moyen à lui de rendre justice, à l'instar de ceux qui ont subi des agressions sexuelles dans leur enfance ?

Je retourne au procès quelques jours plus tard.

— Bonjour monsieur, vous voulez entrer ? me demande un policier à l'entrée.

— Oui.

— Vous êtes témoin ?

— Non.

— Tant mieux, me lance-t-il avec un sourire.

Un peu surpris, je rentre à l'intérieur de ce procès fleuve qui achève bientôt sa première semaine d'audience. Je retrouve, assis parmi les témoins, le jeune homme au chignon qui m'avait bousculé alors que je faisais la queue ce matin pour passer le SAS de sécurité. En retard, il avait dépassé tout le monde sans s'excuser. Avec ses cheveux long tirés en arrière, il a exactement la même coupe que le jeune homme à la barre qui comparait libre aujourd'hui. En cavale, celui qui m'avait bousculé s'est présenté de lui-même à la police et tente aujourd'hui de convaincre le jury qu'il n'est pas complice des braquages mais qu'il a fui par crainte. Le président du Tribunal est septique, d'autant que la retranscription d'une conversation téléphone entre lui et un présumé complice est éloquente :

— *Mais l'argent, tu l'as mis où ?*

— *On en parlera plus tard ...*

— *Tu devrais faire attention, t'es sûr que t'es pas suivi ?*

— *T'inquiète !*

L'avocat de l'accusé s'insurge immédiatement, demandant l'annulation de cette pièce à conviction car, argue-t-il, le policier qui a fait cette retranscription n'est pas objectif :

— Il met des trois petits points, des points d'exclamation ... il est clair que la retranscription présume de l'accusation du prévenu. Avez-vous eu accès Monsieur le Président aux enregistrements originaux ? demande l'avocat.

— Non Maître, j'en ai fait la demande mais ils ne me sont pas encore parvenus.

S'en est suivie alors toute une tirade de l'avocat pour vice de procédure, se jetant sur cette subjectivisation des pièces à conviction comme un chien sur un os, et la ponctuation devint l'espace d'un instant la principale accusée.

Chapitre 7
L'AMANT RUSSE

Au fil des procès, on commence forcément par avoir ses préférences, ses tribunaux qu'on a plaisir à retrouver, ses avocats qui nous éblouissent d'éloquence et de présence d'esprit, ses présidents aux réparties mordantes. Lors de ce procès, le procureur général était Maitre Jean-Christophe Muller, avocat général auprès de la cour d'assises de Paris depuis 2017. L'homme, discret, est d'une perspicacité tout à fait singulière qui, si elle ne saute pas aux yeux de prime abord, éclate au grand jour dès qu'il prend la parole. Jamais je n'ai vu un homme autant incarner la Justice que lui, et son intelligence est un spectacle auquel il est impossible de se lasser. L'affaire dans laquelle nous sommes plongés pendant quatre jours aurait mérité quelques jours de plus, car le manque de temps contraignit la cour à étendre chaque jour les débats jusqu'à 23h au palais de Justice.

Tout commence le premier jour du procès, quand Monsieur l'enquêteur – telle que dénommé par la cour – décrit le fruit de sept années d'investigations policières. Cet inspecteur au teint blafard, mélange de jaune et de gris en passant par le vert, traîne avec lui une allure de croque-mort sinistre aux cernes qui lui creusent un visage triste. On croirait rencontrer la Mort, calme, sordide, et étonnamment douce. Sa voix, quand il nous raconte les nombreuses projections de sang dans la chambre, est réconfortante, résignée de tous ces crimes qu'elle a déjà dû raconter, comme s'il ne servait plus à rien de crier. Du sang, il y en avait aussi au plafond, sur les murs, sur les coussins, sur les meubles, des petites gouttelettes qui contrastent avec les deux grosses taches rouges qui dorment sur le lit. Une des sœurs de la victime éclate en sanglots à la vue du sang et quitte la salle en se tenant la bouche pour étouffer ses cris. Stupeurs de la cour qui, dans sa froide description de l'enquête, avait oublié de prévenir la famille des images qui allaient être diffusées. Quatre balles de calibre 16mm avaient atteint Nian, trois à l'arrière de la tête et une dans le dos. L'autre sœur de Nian est restée dans la salle, figée, incapable de détourner son regard des photographies de l'autopsie où trois petits trous rouges, de la taille d'une pièce de deux centimes, ont tué son frère.

Nous étions un dimanche quand Nian fut assassiné à son domicile situé exactement quinze minutes à pied de là où, sept ans plus tard, son amant sera jugé pour meurtre. Dans la cour d'assises de l'île de la Cité à Paris, le jeune homme d'origine russe encourt la perpétuité mais comparait libre aujourd'hui, fait plutôt rare dans une cour d'assises et d'autant plus étonnant que tout l'accable.

Nian avait fui le Laos et s'était réfugié en France où il avait reçu l'asile politique. De l'Asie, il avait conservé ses croyances bouddhistes et installé un petit autel chez lui devant lequel, chaque jour, il faisait ses prières, n'oubliant pas non plus de faire avant chaque repas des offrandes à ses parents. Issu d'une famille de cinq frères et sœurs, Nian avait deux passions : la mode qu'il enseignait dans une école parisienne, et les salles de sport où il s'entrainait plusieurs fois par semaine avec son coach sportif russe au nom si compliqué à prononcer qu'il avait fini par le franciser. Le fraichement baptisé Gabriel Fissinger était plus qu'un coach sportif, ils allaient au cinéma ensemble, au restaurant, et malgré les nombreuses photos dénudées et sensuelles de Fissinger sur le téléphone de Nian, aucun d'eux n'avaient laissé paraître l'existence d'une quelconque histoire d'amour. Disons que leur amitié était telle que Nian le fit recruter comme vigile dans son école, puis comme juré lors de l'examen des créations des étudiants alors que Fissinger ne connaissait rien à la mode, ce qui lui valut rapidement le surnom de *l'amant russe* auprès de toute l'école.

Nian faisait tout pour que son protégé intègre le monde de la mode, réussissant même à l'imposer comme mannequin à ses élèves qui, normalement, suivaient un cursus haute-couture féminine. Un de ses collègues dira : *Nian était très moche, il ne peut pas gratter des jeunes hommes très beaux. Si Nian a fait tout ça, c'était pour garder Gabriel Fissinger à ses côtés.*

Fissinger porte son corps avec précision, le dos terriblement droit, le visage anguleux et froid qu'une peau très blanche recouvre avec sévérité. Le nez et le menton pointus, ses cheveux noirs très courts et son absence de pilosité lui donnent une apparence chirurgicale que l'absence de lueur dans les yeux rend d'autant plus inquiétante. Dans sa veste à petits carreaux dépassée de mode, il nie tout depuis sept ans avec un calme impassible. La posture excessivement rigide, il écoute avec une beauté glaciale les débats. Qualifié comme *peu commode* par ceux qui le voyaient de loin, il ne se mêlait pas aux autres, ne répondant même pas à ceux qui le saluaient à la salle de sport. Les rumeurs allaient bon train au club du 15e arrondissement de Paris, l'un des adhérents assurant même que Fissinger lui avait proposé ses services pour éliminer des gens. Du moins, cette absence d'effort pour paraître sympathique, Monsieur l'enquêteur la relève aussi, trouvant même surprenant que Fissinger ne pose aucune question sur le décès de son ami :

— Normalement, la première chose que quelqu'un nous demande lorsqu'on l'interroge, c'est les circonstances du décès. En 48h de garde à vue, il ne nous a jamais demandé de quoi la victime était morte. Quand on lui a dit, il n'avait pas du tout l'air surpris ni ému.

Ce dimanche 9 août 2015, cet ancien légionnaire part faire un jogging avec Nian, comme ils en ont l'habitude quand ils ne se retrouvent pas à la salle de sport. Une heure plus tard, ils reviennent à l'appartement situé entre Saint-Germain et Cardinal Lemoine, Nian reçoit un coup de fil à midi trente de son meilleur ami Mr Jacques Daniel. Encore en sueur, il lui dit qu'il le rappelle juste après sa douche, concluant leur conversation par *Au revoir, monsieur*, un code qu'ils avaient entre eux pour signifier qu'ils n'étaient pas seuls. Mr Jacques attend vingt minutes puis lui écrit : *Dis donc elle dure longtemps ta douche*. Ne répondant pas à ses textos, il finit par l'appeler. Aucune réponse. Il essaie six fois sur son portable, cinq fois sur son fixe, sans plus de réponse. Alerté, il prévient la famille qui se précipite chez lui. Il est 15h30 quand son beau-frère entre dans l'appartement avec son jeu de clés. *Pourquoi tu ne baisses pas le store ?* demande-t-il en découvrant l'appartement plongé dans l'obscurité. Nian, étendu sur son lit, ne répond rien.

— Il est allongé sur le ventre, et ses pieds sortent du lit. Tout l'appartement est rangé, comme d'habitude. Nian est un peu maniaque, c'est toujours propre et bien rangé chez lui, se souvient son beau-frère à la barre.

Tout le long de son témoignage, le beau-frère parlera de Nian au présent, comme s'il refusait encore de croire à sa mort. C'est quand il secoue Nian pour le réveiller qu'il voit du sang couler de son nez et qu'il comprend qu'il ne dort pas. Quand les urgences lui confirment son décès une demi-heure plus tard, il est tellement choqué qu'il n'arrive plus à parler. Pourtant, il doit prévenir sa femme. Au téléphone, aucun mot ne peut sortir. Incapable même de retrouver la touche du haut-parleur, il confie le téléphone au SAMU.

À l'évocation de ce récit, l'étrange Fissinger n'exprime aucune émotion, ni tristesse ni remords ni ennui, absolument aucune émotion. Ses yeux noirs ont beau regarder cet homme traumatisé à la barre, son indifférence est flagrante. Les cheveux roux foncés, le visage fin et la cinquantaine belle, la présidente parle d'une voix claire et rapide :

— Saviez-vous qu'il était homosexuel ? demande-t-elle au beau-frère de Nian.

— Non, on ne parle jamais de sa vie privée. Pour moi il est célibataire et je ne me pose pas de questions. Dans ma famille, ils sont plusieurs à être célibataires à encore 70 ans, je me disais que son célibat était héréditaire …

Les trois sœurs de Nian sont présentes pendant tout le procès, une traductrice à leur côté pour les aider quand certains mots de français leur échappent. Malgré leur brushing élégant, ces trois dames asiatiques d'un certain âge ont les traits marqués par sept années d'enquête, sept années pendant lesquelles le meurtrier présumé de leur frère était libre, seulement contraint par un contrôle judiciaire. La sœur la plus proche de Nian est venue des Philippines pour ce procès qu'elle attend depuis si longtemps. Chaque jour, elle lui parlait au téléphone. Chaque mois, elle lui envoyait 1000 à 2000 euros depuis les Philippines pour qu'il puisse vivre à son aise. Depuis sept ans, elle contient sa colère de savoir que l'unique suspect que tout incrimine vit impuni.

La famille de Fissinger, elle, n'est pas présente. Aucun proche n'est là, même pas sa femme avec qui il s'est marié depuis le meurtre, sûrement pour prouver aux jurés qu'il est loin d'être homosexuel et pour clamer qu'il est père maintenant. Même sa mère n'est pas venue, elle qui avait juré qu'elle ne connaissait pas de Nian et que son fils n'avait pas bougé de chez elle le jour du meurtre. Quelques jours plus tard, elle reconnaitra que tout était faux. Fissinger est donc seul dans ses mensonges, et sa capacité à nier malgré toutes les preuves est aussi désespérée que la preuve indéniable d'une force mentale hors pair. Impassible également quand on lui présente la photographie découverte sur son portable du même modèle d'arme que celle qui a servi au crime. Coïncidence selon lui. Impassible encore quand on lui fait remarquer qu'il est étrange qu'il ait subitement effacé tous ses messages sur son téléphone portable le jour du crime. Une habitude, selon lui. Monsieur l'Enquêteur a raison, son sang-froid est infaillible, tellement infaillible que la présidente ne regarde pas Fissinger quand elle lui pose des questions, sans doute agacée par ce mur de mensonges.

***

Quel étrange procès où vous pouvez descendre l'escalier aux côtés de l'assassin de votre frère, comme si de rien n'était ? En comparaissant libre, c'est pourtant ce qu'il s'est passé pendant les quatre jours qu'ont duré le procès. Fissinger allait et venait, croisant la famille de la victime aux toilettes, ou dans la file d'attente avant la reprise d'audience. Comment ces trois sœurs ont-elles réussi à contenir leur haine à côté de celui qui, depuis sept ans, nie en bloc le meurtre de leur frère ?

Si ce procès fut pour moi l'occasion de découvrir un procureur général brillant, il est aussi marqué par la découverte d'un avocat exécrable, Maître Éroche. L'avocat de l'accusé ne doit pourtant pas avoir plus de 35 ans, mais il est déjà d'une arrogance sidérante. Toujours debout lors des interrogatoires, prêts à bondir à n'importe quel moment, il interrompt sans cesse la parole des témoins à la barre, commentant, fustigeant, soupirant, s'insurgeant et critiquant tout ce qui ne lui plait pas, n'hésitant pas à railler l'avocate de la partie adverse avec un ton condescendant. Un bouledogue qui se moque des rappels à l'ordre de la présidente, animé par une inépuisable volonté à malmener les débats et les témoins, suggérant même sournoisement que le beau-frère ou la sœur pourrait être à l'origine du crime. Le public, tout comme les jurés, se regardent parfois entre eux, exaspérés par les invectives répugnantes de cette hyène qu'on aimerait remettre en cage.

L'enquêteur aux cheveux poivre et sel, presque poudreux, contraste par sa solennité. Ce n'est pas la première fois qu'il croise des avocats prêts à tout pour sauver leur client, et malgré tous les stratagèmes verbaux tentés par l'avocat, l'enquêteur ne se laisse pas déstabiliser. Alors qu'il est en train de décrire la première garde à vue de Fissinger pendant laquelle l'accusé avait menti sur le déroulé de sa journée du dimanche en oubliant de mentionner un aller-retour en banlieue, l'avocat s'insurge sur le fait qu'il y ait une erreur de frappe dans le procès-verbal, remettant en cause toute la procédure.

— Vous essayez de noyer le poisson Maître, lui dit l'enquêteur fatigué par ses attaques. Tenez-vous en aux faits, tout le reste c'est de l'habillage.

— Écoutez, insulter la défense ça ne fera rien avancer ! s'offense avec théâtralité l'avocat. On voit très bien que vous racontez n'importe quoi !

— Absolument pas, et là c'est vous qui m'insultez, répond calmement l'enquêteur.

— Donc, les procès-verbaux qui sont à la disposition de la défense sont faux, et est-ce qu'il y en a d'autres des erreurs comme ça ? Est-ce qu'il faut que j'aille vérifier chaque chiffre pour voir si c'est le bon ? Parce que vous parlez d'une erreur de frappe, mais ces erreurs de frappe peuvent coûter la perpétuité à mon client ! On n'est pas à radio Waloo là ! braille l'avocat. Est-ce que vous mentez, monsieur l'enquêteur ?

Devant l'évidence des preuves qui accusent son client, Maître Éroche cherche le moindre prétexte pour chahuter les débats, et le voilà maintenant qui s'égosille à montrer que l'enquête de voisinage a été faite n'importe comment.

— Et les voisins ? Vous ne les avez même pas convoqués pour les interroger !? C'est n'importe quoi ! s'insurge-t-il.

— Maître, quand les voisins nous disent qu'ils n'ont rien vu et rien entendu, on ne va pas les convoquer au commissariat pour leur faire répéter qu'ils n'ont rien vu et rien entendu. Je ne vais pas leur faire perdre une journée de travail pour me dire ça. Ça fait perdre du temps à tout le monde.

— Mais est-ce que vous leur avez demandé s'ils n'avaient pas entendu des bruits de pas, s'ils n'avaient pas croisé quelqu'un ?

L'enquêteur au costume bleu marine baisse les bras, exaspéré par ses questions.

— Monsieur, quand on se rend chez les voisins, on les interroge, on leur pose toutes ces questions. Vous n'allez pas m'apprendre à faire des enquêtes de voisinage, ça fait 25 ans que je suis à la brigade criminelle.

— 25 ans pour que ça donne ça ..., conclut avec mépris l'avocat.

Devant les jurés aux yeux écarquillés, Maître Éroche va poursuivre avec acharnement à dénigrer l'enquêteur pendant une vingtaine de minutes puis, espérant l'avoir suffisamment ébranlé pour attaquer, essaie de semer le doute dans son esprit. Fissinger ne peut pas avoir commis le meurtre, preuve en est, le lendemain des faits l'accusé retourne à la salle de sport où ils allaient ensemble.

— Vous ne trouvez pas étrange qu'un assassin reprenne toutes ses habitudes dès le lendemain comme ça, comme si de rien n'était ? Non... c'est ridicule ! s'exclame l'avocat comme s'il avait le monopole du bon sens. C'est choquant de tuer quelqu'un, non ?

— Ah bon ? répond simplement l'enquêteur.

Pour une fois, l'avocat reste muet. Il ne s'attendait pas à cette réponse. La présidente profite de ce maigre silence pour demander à voir la vidéo de télésurveillance qui montre Fissinger sortir de l'immeuble juste après l'heure présumée du meurtre. De toute manière, cela faisait longtemps que cet interrogatoire avait perdu tout intérêt. Maître Éroche s'insurge :

— NON madame la Présidente, nous avons le droit le droit de nous exprimer ! s'indigne-t-il bruyamment. Vous abordez cinquante sujets à la fois et on ne peut pas intervenir, ce n'est pas possible !

Un brouhaha de voix s'élève soudainement, le procureur protestant contre l'avocat qui répond à l'assesseur qui interpelle le greffier qui se fait sermonner par l'assistante de l'avocat qui se plaint à la présidente qui élève la voix un peu plus haut que tout le monde pour exiger dans la cohue générale une suspension de séance. Aussitôt, elle convoque Maître Éroche. C'est la première fois que j'assiste à de telles échauffourées dans une cour d'assises où règne normalement un respect presque religieux des conventions.

Quand l'audience reprend, le calme est revenu. Je me demande quelle est sa stratégie, car Maître Éroche n'attire en rien la sympathie des jurés, ni celle d'aucun magistrat. À quoi bon se faire détester ? Curieux, je fais quelques recherches sur cet abominable avocat, et je découvre qu'il s'est spécialisé dans des affaires de bébés secoués, défendant les parents accusés d'homicides. Il a bonne presse, considéré même par Forbes comme l'un des 40 jeunes avocats les plus prometteurs. Faut-il être aussi irrespectueux et condescendant pour être un bon avocat ? Défendre signifie-t-il ruiner la qualité des débats ? Sans doute tous les moyens sont-ils bons pour parvenir à déstabiliser un procès dont l'issue est autrement courue d'avance. Devant l'évidence des preuves et l'incohérence du récit de Fissinger, je me demande comment un avocat peut mettre autant d'efforts à essayer d'innocenter un coupable. Porte-parole de l'absurde tellement les preuves sont accablantes, Maitre Éroche est un éloge à l'amoralité.

Je ne parviens pas à comprendre comment il est possible de se donner corps et âme pour innocenter un meurtrier, ne se rend-on pas complice du meurtre en essayant par tous les moyens de le cacher ? N'a-t-il donc aucune empathie pour la famille des victimes, n'a-t-il aucune notion de justice, de morale ?

Est-ce juste pour l'argent ? Ou est-ce par défi intellectuel de réussir un acquittement impossible ? Les avocats sont-ils dépourvus de sens moral ? Car il serait autrement plus compréhensible que l'accusé plaide coupable et que l'avocat défende une peine la plus réduite possible, mais là, comment l'avocat ose-t-il défendre une thèse à laquelle il est impossible d'adhérer ? Comment ose-t-il, face à la famille et aux proches de la victime, nier l'évidence, si évidente que l'accusé lui-même bafouille de ses propres incohérences ? Cet avocat m'écœure, et je mesure combien il peut être dangereux. Car il a le don de manipuler par les mots, par la voix qu'il place avec intelligence, et surtout par la confiance aveugle qu'il a en lui. Il est comme un fou qui, à force de répéter qu'il a raison, parvient à convaincre les plus faibles puis, par un formidable effet de masse, contamine patiemment la majorité ; et une fois la majorité acquise, le reste opère de lui-même.

Certains défendront qu'un avocat défend le droit, non la morale. Mais n'est-ce pas aussi hypocrite que d'affirmer qu'un psychanalyste est objectif ? Le droit est intrinsèquement régi par la morale, et c'est toute l'ambiguïté et la complexité de la Justice. Si la morale résulte de la conscience individuelle, se rapportant à la personne, à l'individu quand le droit se rapporte au bien commun dans le but d'organiser la vie en société en fixant des règles communes, l'un se nourrit de l'autre. Un avocat qui s'absout de la morale creuse les injustices. Quel intérêt de parvenir par exemple à acquitter un violeur à cause d'un vice de procédure alors que toutes les preuves l'accablent ?

La justice doit être la première à respecter la loi : c'est ce qu'on appelle l'état de droit, qui suppose le respect de la loi par tous les acteurs, et en premier lieu la justice. Pour autant, l'État de droit ne doit pas être brandi à tout va avec hypocrisie pour légitimer les injustices. Certains avocats prétendent défendre le droit, mais celui-ci n'est devenu qu'un vulgaire jeu pour eux, un défi personnel qui se résume par gagner ou perdre. Ils font du droit une technique sans éthique, un ensemble de règles que les plus rusés parviennent à contourner. La justice est un moyen pour chacun de se défendre, mais elle est transformée en jouet par ces avocats peu scrupuleux, avides d'argent ou de reconnaissance. Trouver un vice de procédure pour innocenter un coupable n'est pas une victoire, c'est de l'abus de faiblesse, et bon nombre de remarquables techniciens de la loi ont fait leur marché de cette capacité à trouver les failles d'un système qui se révèlera toujours imparfait puisqu'incapable de répondre à chaque situation particulière.

Chaque avocat est aussi juge de ses propres choix. Toute personne a le droit d'être défendue, mais toutes ne méritent pas d'être acquittées, et l'avocat ne peut pas se cacher derrière la loi pour se défaire de ses responsabilités. De la même manière que *certains abandonnent leur pouvoir de penser pour obéir aux ordres*[2], d'autres se déresponsabilisent pour obéir à la loi. C'est cette même

---

2 . Citation de la philosophe juive Hannah Arendt dans l'un de ses articles au New Yorker à propos du procès d'Adolf Eichmann, criminel de guerre nazi,

banalité du mal[3] qui se retrouve dans les tribunaux quand des avocats ne se sentent pas affectés par ce qu'ils font car ils refusent de juger la valeur morale de leurs actes et de leurs conséquences. L'avocat se réfugie derrière le *banal*, c'est-à-dire le *commun* des lois, pour ne plus avoir à penser et questionner leur moralité.

***

Certains procès manquent d'huile. Ça manque de fluidité, le préside anime laborieusement les débats, les témoins ne savent pas quoi raconter, ils étaient trop loin du crime, connaissaient à peine la victime, eux-mêmes ne savent pas vraiment pourquoi ils sont là. Le juge les interroge par politesse, pour ne pas qu'ils aient l'impression d'être venus pour rien, et même parfois de loin. Ils restent cinq, peut-être dix minutes à la barre avant de rebrousser chemin, un peu désolés du manque de spectacle qu'ils ont offerts. C'est ce qu'il s'est passé lors du témoignage du premier pompier à venir sur les lieux, il n'avait vraiment rien à dire. La juge, qui a déjà du mal à contenir son procès, tente tant bien que mal de justifier ce témoin à la barre. Mais personne pour l'aider. Même Maître Éroche n'a pas de question. Tant pis, cela fait diversion quelques instants, un interlude un peu lunaire à la reprise des débats que tout le monde, revigorés d'une brève pause déjeuner, attend avec impatience.

3 Expression employée par Hannah Arendt dans son ouvrage « Eichmann à Jérusalem » publié en 1963.

Car le procureur général, lui, ne veut pas en rester là. Selon lui, Nian avait ouvert à Fissinger les portes pailletées de la mode, et tous deux avaient intérêt dans cette relation : Nian car il avait une égérie à ses pieds, et Fissinger qui voulait gravir le monde de la mode. Mais quand Nian a voulu prendre ses distances, Fissinger ne l'a pas supporté. Et évidemment, son avocat non plus :

— Tout ce que j'entends, c'est n'importe quoi, ou plutôt, comme disait Céline : *un long délire tout bouffi de mensonges*, cite-t-il non sans fierté.

On dirait que le procureur Müller est né dans sa robe rouge à hermine blanche tellement il la porte bien, remontant ses manches de temps à autres avec un naturel frappant. Magistrat à la finesse psychologique remarquable, il scrute sans relâche le masque impassible que Fissinger porte depuis le début de ce procès. Pendant la suspension d'audience, Fissinger reste seul, concentré, dans la salle avec le procureur général qui tourne en rond devant lui et le dévisage dans ce face-à-face presque bestial, épiant ses moindres mouvements pour en déceler une émotion, un indice, une faille pour le faire craquer. Le procureur mène une guerre psychologique qui se joue en silence, là où l'avocat prolixe est désarmé. Lorsque l'interrogatoire de Fissinger reprend, il bondit :

— Depuis le début de ce procès, nous n'avons vu aucune émotion de votre part, absolument rien. Vous êtes resté de marbre tout le long des échanges. Et là, il y a quelques minutes, vous ne pouviez pas répondre aux questions de Madame la Présidente. Vous avez juste eu une attitude et des larmes, la tête dans les mains et incapable de dire un mot. Pourquoi vous cachiez votre visage ?

— Parce que je ne suis pas le genre de personne qui exprime ses émotions. Je retiens, c'est comme ça, lui rétorque d'un ton froid Fissinger.

Le procureur se tourne alors vers l'une des sœurs de la victime :

— D'après vous, il pleurait sur son sort ou sur le sort de son ami ?

— Sur son sort, répond-elle sans hésiter.

Fissinger se défend qu'il n'avait même pas eu la force de regarder les photos de l'autopsie de son ami, c'était trop douloureux pour lui, tout comme il est incapable de regarder des films d'horreur. La présidente s'étonne :

— Mais vous étiez à la légion ... ?

— Oui mais je voulais juste essayer. Je voulais pas allcr à la guerre.

Encore insatisfait par la réponse de Fissinger, le procureur insiste :

— Depuis lundi après-midi jusqu'à aujourd'hui, vous êtes resté impénétrable. À présent, vous êtes à nouveau impénétrable. Mais tout à l'heure, où vous avez eu cinq minutes complètement tétanisées. Je voudrais vous demander, qu'est-ce qui a causé ce trouble ?

— Quand ça sort ça sort.

— Mais qu'est-ce qui sort ? s'emporte le procureur général.

— J'ai senti la douleur de la famille.

— Mais la douleur de la famille, vous avez attendu aujourd'hui pour comprendre qu'elle existait ? rugit-il.

Les sœurs pleurent en écoutant le cynisme de l'accusé.

— *It was a game*, scande à voix haute l'une des sœurs.

— Pourquoi aujourd'hui pile à 18h ? Vous les voyez depuis lundi, vous montez les escaliers avec eux !

— Les émotions c'est quelque chose qui ne se contrôle pas.

— À défaut de me dire comment ça a commencé, dites-moi comment ça s'est arrêté.

Un silence, on sent le procureur perdre patience. Sa voix s'emporte, et lui avec.

— Je vais vous dire moi quand ça a commencé. C'est quand la sœur de Nian a brandi sous vos yeux le cadre avec la photo de famille. C'est à ce moment-là que vous avez craqué. J'étais juste là. C'est quand vous l'avez regardé dans cette photo de famille, C'EST QUAND IL VOUS A REGARDÉ, rugit-il en le pointant du doigt. JE VOUS AI VU ! hurle le procureur.

La scène est stupéfiante et personne, pas même Maitre Éroche, n'ose dire un mot. Un silence de quelques secondes retentit dans la pièce.

— Quelle est cette émotion ? répète lentement le procureur.

Le souffle coupé, tous les yeux fixent ce doigt toujours pointé vers Fissinger.

— Vous me posez la même question et je vous donne la même réponse, répond-il avec un calme déroutant.

— Non, je vous pose la même question et vous me donnez la même ABSENCE de réponse.

Le procureur avait raison. Il est trop tard maintenant, Fissinger a étouffé toute vulnérabilité. Un policier s'approche de Monsieur Jacques, assis à côté de moi sur les bancs du public, se penche vers lui et lui demande à voix basse de voir son téléphone. Après quelques manipulations, il lui ordonne d'effacer l'enregistrement audio qu'il venait de faire. Toute forme d'enregistrement est interdite dans une cour d'assises.

— Bon, je ne vais pas revenir sur l'heure du crime, vos photos de fesses à l'air sur le portable de la victime, tout ça … non … Qu'est-ce que vous pensez de ce crime ? lui demande le procureur qui est si absorbé qu'il n'a sans doute plus cligner des yeux depuis quelques minutes déjà.

— C'est une honte, répond Fissinger avec aplomb. C'est horrible …. très choquant.

Juste avant son témoignage spontané comme il est de coutume dans un procès, Fissinger est extrêmement concentré, comme s'il répétait un texte dans sa tête. Il est 18h45 quand la présidente lui donne la parole :

— Je vous demande d'être le plus précis possible, et de prendre tout le temps qu'il vous faut pour nous raconter cette journée du 9 août 2015. On vous écoute.

S'en suit un monologue hasardeux aux mots qui hésitent, prononcés par une voix qui semble vouloir disparaître. Il nie toute implication dans l'assassinat, et balaie les accusations de quelques mots qui ressemblent plus à un murmure qu'à autre chose. Abasourdi par le déni de l'accusé, le procureur secoue la tête, incrédule. Il le transperce du regard, mettant Fissinger très mal à l'aise jusqu'à le faire bafouiller. Ses mots deviennent de moins en moins audibles.

— Vous pouvez quand même pas faire comme si les débats d'hier n'avaient pas eu lieu !? s'impatiente le procureur qui ne parvient plus à se contenir sa colère.

La présidente l'interrompt et lui demande de se calmer. Le procureur se rassoit. La présidente, aussitôt, essaie de recadrer l'interrogatoire :

— Quelles étaient la nature de votre relation avec la victime ?

— Nous étions amis.

— C'est quoi pour vous un ami ?

Un long silence s'en suit. Fissinger se demande visiblement quelle est la bonne réponse à donner.

— C'est quelqu'un en qui on peut avoir confiance.

— Et vous connaissiez ses autres amis?

— On ne savait rien de la vie privée l'un de l'autre.

— Est-ce que vous saviez qu'il était homosexuel ?

— Je le sentais.

— Vous n'avez jamais eu de relations sexuelles avec lui ? Il ne vous a jamais embrassé ?

— Non … non … il était très bien élevé.

Comme piqué dans sa fierté masculine, Fissinger assure qu'il n'y avait aucune ambiguïté. Pendant que la présidente l'interroge, le procureur général fulmine en silence et cache difficilement son énervement. Il ressemble à un Robin Williams sans humour, mais à la voix pleine de vie quand il s'exprime. D'ailleurs, la présidente vient de lui redonner la parole :

— Pourquoi n'aviez-vous pas dit pendant votre garde-à-vue que vous étiez allé à Saint-Mandé ? s'interroge le procureur.

— Je ne sais pas, je ne me souviens plus..., souffle-t-il. Pendant la garde-à-vue, les policiers m'ont harcelé, ils m'ont insulté et ils m'ont frappé. J'ai répondu comme ça aux policiers parce que c'étaient des chiens enragés.

— Ah les chiens enragés ... mais ça monsieur c'est la police en Tchétchénie ! VOUS DITES N'IMPORTE QUOI MONSIEUR, VOUS ÊTES UN MENTEUR ! UN MENTEUR ! Vous êtes le pire menteur que j'ai jamais vu dans cette salle, ET DES MENTEURS J'EN AI VUS ! hurle-t-il le doigt tendu vers le ciel.

Les jurés sont bouche-bées. Pas un mot, pas un mouvement ne brise la fureur du procureur général, seules les épaules des sœurs de la victime tressautent discrètement de larmes.

***

À 19h30 ce vendredi 17 février, le Palais de Justice de Paris somnole déjà, majestueux et vide. Quelques rares lumières résonnent au loin dans les hauts couloirs, grandioses de pierres anciennes et de marbre. Pourtant à l'étage, feutré dans un silence de façade, un débat fait rage. Cela fait deux heures que les jurés sont enfermés dans le secret du délibéré. Sans surprise, le Procureur général a requis 25 ans de détention et l'avocat de la défense la relaxe en grandes pompes, haranguant la foule venue l'écouter crier sa plaidoirie pendant 2h30. Le théâtre de la cour d'assises fait salle comble ce jour-là, alors que les sièges étaient restés presque vides les trois jours d'avant. La suspension d'audience, comme un entracte, chasse les spectateurs tantôt amusés par le jeu d'acteur de Maître Éroche, tantôt agacés par ses cabotinages.

Dans quelques heures, Fissinger saura s'il sortira libre ou s'il passera les vingts prochaines années en prison. L'écart est si grand qu'il donne le vertige. Quelques heures décideront de la vie d'un homme. Comme il est de coutume avant un délibéré, l'accusé attend dans une salle, surveillé par un policier. À quoi pense-t-il pendant que son destin marche sur une crête ? Après 5h30 de délibérés, le verdict tombe. Il est 1h du matin quand il est jugé coupable de meurtre avec préméditation et condamné à 20 ans de prison ferme, dont deux tiers de sûreté en raison de sa dangerosité, son absence d'émotions et son déni. À l'annonce du jugement, les jurés seront plus émus que lui, impassible. Mais même condamné, il partira en prison ce soir-là le dos droit.

Chapitre 8
LES LARMES DU CRACK

— Est-ce que vous reconnaissez les faits d'usage et de vente de drogue ?

Ils comparaissent ensemble dans le box. Lui ne dit rien, c'est elle qu'on interroge. Elle a une trentaine d'années mais en paraît 50, les cheveux blonds naturels, elle aurait pu être jolie si la drogue ne l'avait pas ravagée. Perdue, visiblement très impressionnée par le tribunal, elle parle sans articuler, comme si elle n'arrivait plus à desserrer la mâchoire après toutes ces années de consommation :

— C'est-à-dire ? demande-t-elle sans comprendre la question pourtant évidente.

— Et bien, est-ce que vous reconnaissez les faits qui vous sont reprochés ? répète la présidente.

— Qu'est-c'que vous voulez m'dire ? demande-t-elle la voix tremblante.

— Ok, on va dire les choses simplement, on vous accuse de vendre du crack. Alors ? C'est vrai … C'est faux … ?

— Oui c'est ça ... c'est vrai … c'est faux ...

La juge la regarde, consternée. On aurait pu croire à une blague, à de l'insolence, mais non, la toxicomane est sincère. La présidente ne sait pas quoi répondre.

— Madame, j'essaie de faire simple, parce que je vois que c'est compliqué. Est-ce que vous avez vendu de la drogue ?

— Oui, pa'que je voulais pas me prostituer, j'voulais pas mendier, mais y m'fallait dl'argent pour ach'ter.

Rongée par le crack qui l'a défigurée, elle en vend car son dealer lui en donne selon la quantité écoulée. Elle s'effondre en larmes. Son avocat lui donne un mouchoir. Tout le long du procès, ses sanglots terribles de naïveté et d'impuissance couvriront les débats d'un arrière-fond mais la présidente n'a pas le cœur à lui demander de faire moins de bruit. Malgré les policiers qui essaient de la maintenir debout, son corps secoué par les larmes se dérobe, écrasé par toute cette détresse qui éclatent en pleurs. Ils renoncent finalement et lui conseillent de rester assise. Toute la salle écoute en silence les pleurs qui l'envahissent. Elle se sait perdue, elle n'a plus rien. La drogue l'a ravagée, la misère l'a avalée. Comme un enfant, elle avoue tout, sans résistance, de toute manière son cerveau est trop abîmé pour parvenir à mentir. C'est rare de voir des prévenus demander à l'aide, normalement ils font tout pour faire croire qu'ils peuvent s'en sortir tout seul et que la justice n'est qu'une entrave à leur progression. Elle, non. Elle se livre tout entière, sans défense, nue, implorant seulement la juge de ne pas punir trop sévèrement ceux qui ont été les personnages secondaires de sa chute, car eux aussi n'obéissent plus qu'à la drogue.

Son dealer, lui, nie tout. Sa réaction sans affect contraste avec celle qui pleure de tout son corps à deux mètres de lui.

— On a intercepté vos messages sur votre téléphone, et quelque chose m'interpelle. Votre ami vous écrit : *Ah tu revends maintenant !?* Vous répondez : *Oui.*

La présidente relève la tête vers le box.

— Qu'est-ce que vous revendez, monsieur ?

— Des chaussures.

La présidente arbore un grand sourire. Généralement, quand les juges sourient, c'est mauvais signe pour les accusés.

— Ah, et c'est dangereux la vente de chaussures, monsieur ?

Il ne répond pas, sentant le piège. Et il avait raison.

— Parce que votre amie vous répond : *Fais vraiment attention à toi*. C'est surprenant qu'elle vous conseille de faire attention de revendre des chaussures, non ?

Dans le box, assise aux côtés de son dealer, la tête entre les mains qui tremblent, la toxicomane redouble de sanglots.

Chapitre 9
VOUS AVEZ VU L'ACCUSÉ ?

— Monsieur, vous allez me parlez autrement ! Vous savez, vous êtes juste un dossier pour moi, moi ce soir je rentre chez moi alors que vous … vous quand vous partirez de ce tribunal c'est VOTRE vie. Ça vous regarde. Si vous voulez garder ce sourire et vous moquez du tribunal, très bien ! En même, on n'a pas envie de gâcher son temps et son énergie, ce que vous nous montrez de vous ne m'intéresse pas !

Tout juste majeur, habillé en tenue de sport, le jeune délinquant à la barre ne cache pas sa satisfaction de voir la présidente poussée à bout par cette arrogance et l'agressivité qui ponctue chacune de ses phrases. Excédée par son insolence qui sourit avec affront aux accusations, la présidente doit juger une énième affaire de vol avec violence qui s'ajoutera bientôt à son casier. Il n'est pas tout seul à être jugé, mais s'il comparait libre son complice lui n'a pas eu cette chance. En détention provisoire depuis plusieurs mois, ça ne semble pas l'avoir dérangé, coutumier de la détention qu'il a déjà connue sept fois alors qu'il était mineur. Le troisième complice, lui, a pris la fuite.

Les deux accusés jugés aujourd'hui sont connus, trop connus des services de police. Pour celui qui s'accoude nonchalamment à la barre, c'est toute la famille qui est déjà répertoriée. Multi-récidiviste sans scrupule, sans plus de respect pour le tribunal que pour le contrôle judiciaire qu'on lui avait accordé, il jure qu'il a bien été pointé. Il hausse la voix, gueulant qu'il s'agit d'une erreur des policiers s'ils ne l'ont pas inscrit, mais de toute façon il s'en fout bien de ce qu'ils peuvent penser.

La procureure a l'âge d'une jeune mère, peut-être est-ce la raison pour laquelle ces deux gamins la révoltent autant. Elle avait observé, muette, l'interrogatoire de l'un puis de l'autre avec une rage difficilement contenue, avant d'avoir la parole. Dès ses premiers mots, on sent son besoin d'entrer dans l'arène pour régler ses comptes avec ces deux-là qui l'exècrent :

— Les faits sont d'une simplicité assez extraordinaire. Il s'agit d'un vol de montre de luxe comme il en existe tant d'autres et dont le mode opératoire est connu. Le jeu consiste à repérer la victime dans la ville puis à l'attaquer. Grâce aux vidéos de surveillance, on voit que les trois individus attendent devant une épicerie. On épie une épicerie casher rue Secrétan parce qu'ils sont juifs et donc riches, parce qu'on est décérébrés et qu'on n'a pas de culture ! explose-t-elle.

La jeune procureure fulmine :

— Quand on est aussi imbéciles, on devrait plutôt ouvrir un livre !

Le délinquant à la barre essaie d'en placer une mais est aussitôt coupé par la procureure que rien ne peut plus arrêter :

— VOUS VOUS TAISEZ QUAND JE PARLE ! lui hurle-t-elle.

Il sourit, amusé de voir la justice sortir de ses gonds, et la laisse dérouler le mode opératoire du vol de montre. De toute manière, il se moque de la justice comme il se moque des condamnations. À chaque fois qu'il avait été condamné à des peines avec sursis, le sursis avait été révoqué. Tout ça n'est qu'un jeu pour lui, tout comme l'était le repérage du couple qui portait la montre. Ils suivent les deux quinquagénaires jusqu'à leur domicile, trois ombres qui avancent sans bruit, marchant derrière eux dans un silence menaçant, profitant qu'ils ouvrent la porte du hall pour s'introduire dans l'immeuble. Le couple pénètre dans l'ascenseur et, juste avant que les portes ne se referment, les trois jeunes se glissent à l'intérieur. Forcément, le monsieur leur fait remarquer qu'il n'y a pas assez de place.

— En réponse, vous monsieur, enrage la procureure en pointant le jeune délinquant à la barre, vous le frappez au visage et vous le traitez de *Sale juif* !

Malgré les 16 condamnations à son actif, le jeune à la barre n'a pas l'habitude de se taire ni de se faire sermonner. Son sourire en coin laisse place à un agacement marqué. Il réplique, ou plutôt aboie quelques mots avec tant d'agressivité que la présidente le rappelle à nouveau à l'ordre pour qu'il se taise. La procureure, debout derrière son pupitre, continue l'exposé de son mépris :

— Et là, dans leur grande lâcheté imbécile, il y a un qui se met derrière et qui commence à l'étrangler, un autre qui lui tient les bras, et le dernier qui arrache la montre. Et bien sûr, parce qu'on peut pas seulement être bête, raciste, violent, voler la montre et qu'y a madame qui dérange, on pousse madame. Ah ça c'est courageux ! Bien sûr, on s'en fout qu'elle tombe, qu'elle meurt, on s'en fout tout ce qu'on veut c'est la montre !

La dame ne se souvient plus exactement qui a fait quoi car son traumatisme a écrasé bon nombre des souvenirs. Le couple n'a pas voulu se présenter au tribunal, probablement dans une volonté de ne pas réveiller une mémoire qu'ils essaient d'étouffer. La procureure, qui pendant les débats s'était tue, laisse éclater toute sa colère :

— Les faits sont pathétiques. Et vous monsieur Batéli, avec votre sourire imbécile et votre attitude qui se fiche de tout … quand on a fait une perquisition chez vous on a retrouvé des montres, des chaussures Lamboutin, des téléphones …

La liste est longue et on ne peut qu'imaginer le nombre de victimes qu'il a dépouillées sans plus de remords que de manières.

La procureure, qui en a fini avec le premier accusé, interpelle alors son complice dans le box en verre. Pour lui, l'interrogatoire avait été succinct, sans doute avait-on vite compris qu'il n'y avait pas grand chose à en tirer non plus. À la question de savoir comment se passait sa détention provisoire, il avait seulement répondu que l'inflation touchait aussi les prisons et qu'il était de plus en plus difficile de se procurer des choses comme des cigarettes, la télé, etc. Il ressemble à un gros nounours un peu hagard, un suiveur pas très malin qui a toujours connu que la délinquance comme mode de vie, plus par défaut qu'autre chose. Sans aucun diplôme, l'ours s'est décidé il y a quelques mois à reprendre une scolarité en prison. À 25 ans, il va essayer de passer son brevet des collèges.

— Et vous ? lui demande-t-elle. C'est quand même affligeant de voir que votre grande préoccupation c'est l'inflation dans les prisons, non ? Vous avez 25 ans et vous passez votre temps en détention, mais qu'est-ce que vous faites de votre vie ? Est-ce que vous allez continuer avec ces abrutis ? La seule chose qui me donne de l'espoir Mr Diarra, c'est que vous avez commencé une formation en prison. Peut-être que maintenant votre petit cerveau s'est mis à fonctionner…

La procureure ne retient pas ses mots, de toute manière elle sait bien que l'espoir d'une prise de conscience est vain. Elle requiert la même peine pour chacun d'eux : 3 ans de prison dont 2 incompressibles.

La suspension d'audience avant le délibéré dure une quinzaine de minutes, le temps de descendre les six étages de cette énorme foire à la justice pour enfin parvenir jusqu'aux deux uniques machines à café mises à disposition par le Tribunal Judiciaire de Paris. À mon retour, les portes de l'ascenseur viennent à peine de s'ouvrir que je croise le policier chargé de la surveillance de la salle d'audience, apparement déçu de ne trouver que moi derrière les portes automatiques. L'air inquiet, il me demande :

— Vous n'avez pas vu l'accusé ?

— Qui ?

— Celui qui était à la barre.

— Ah non désolé …

Il s'engouffre alors dans les étages d'un pas pressé tandis que j'entre dans la salle. Toute la Cour est là, il ne manque que lui. La présidente lâche :

— Flûte, on a perdu notre mis en cause.

Quelques minutes plus tard, le policier revient.

— Il est là ? demande la présidente.

— Non.

Chacun se regarde, un peu perplexe. Avec un peu de recul, il paraît maintenant évident qu'il n'allait pas attendre sagement qu'on lui mette les menottes, il n'aurait pas laissé ce plaisir au tribunal. Voyant bien que la Justice cette fois-ci n'allait pas être clémente, il a préféré fuir le palais de justice pour ne pas être immédiatement incarcéré. Il sera recherché, sous mandat d'arrêt, sans doute cela fait-il aussi partie du jeu. Et il avait raison, la présidente a suivi les réquisitions du parquet. Verdict : 2 ans de prison ferme.

Chapitre 10
LA BOITE DE SARDINES

Une fois entré dans le box des accusés, les policiers retirent les menottes d'une ombre au visage émacié, le corps si maigre qu'il nage dans ses vêtements noirs. Dans ce box de verre trop grand pour lui, l'accusé a une petite tête toute carrée et tassée, comme ces personnes âgées à la mâchoire toujours serrée, des petits yeux noirs et des rides plein le visage. Le sans-abri de cinquante ans en paraît facilement soixante-dix, et le vieil avocat aux cheveux blancs à ses côtés ne le rajeunit pas. Debout, tremblant, le sans-abri garde ses mains dans le dos, comme s'il était toujours menotté, et il les gardera ainsi tout le long de l'audience, se concentrant autant qu'il peut pour écouter l'interprète russe lui traduire ce qu'on lui reproche.

Tout est parti d'une boîte de sardine. Il avait faim, il était ivre, alors il a volé une boîte de sardines dans un magasin Naturalia. Ce n'était pas la première fois. Mais cette fois-ci, les employés appellent la police. Amené au commissariat, il frappe deux policiers au visage avant de se débattre avec les infirmières de l'hôpital où il est emmené car l'alcool et le manque de drogue avaient sérieusement inquiété les policiers. De plus en plus violent, il fait tomber une des infirmières, contraignant les policiers à le menotter à terre dans la cohue générale.

Après s'être étonné qu'un vol de boîte de sardines ait pris une telle ampleur, le Président Delatour se tourne vers le prévenu dont la carrure semble d'autant plus frêle qu'il est entouré par deux jeunes policiers bien en muscles. Il ne se souvient de rien sinon du vol. Ce jour-là, il avait pris 150 ml de Méthadone, un substitut de l'héroïne, c'est la dose maximale avant l'overdose. Avant la méthadone, il prenait de l'opium et de l'héroïne. Originaire du Kazakstan, il vivait en Géorgie avant d'arriver en France en mai 2022. En Géorgie aussi il était SDF.

— Est-ce qu'il a plus en France ?'interroge le juge qui, à juste titre, s'étonne du fait qu'un SDF de Géorgie quitte le pays pour devenir SDF en France.

L'interprète traduit la question, puis la réponse.

— Il est parti car il trouvait que les lois en France étaient plus humaines.

— Grâce à quoi vous vivez en France ? demande le juge.

— Distribution de nourriture le matin et le soir, répond l'interprète.

— Et votre consommation d'alcool ?

— Il boit quatre bières par jour.

— Pourquoi consomme-t-il de l'alcool et de la drogue ?

— Il ne sait pas.

— Hmm... Comment envisagez-vous l'avenir ? s'inquiète le président Delatour.

— Il veut faire des démarches pour trouver un logement.

Il n'y a pas grand-chose à en tirer, sinon le constat triste d'un homme à qui l'addiction à tout prix. Une carcasse d'être humain apatride qui ne cherche plus de sens, un sans-abri comme on en a tant vu dans les rues de Paris, ivre, seul et vieux, gueulant des phrases peut-être russes, on ne sait plus trop bien tellement il n'articule plus. Le Parquet, représentant de l'État, n'est pas tendre avec lui :

— Il coûte cher à la France, clame la magistrate. Manifestement il est venu en France pour avoir de la Méthadone gratuite, et il ne fait rien pour s'intégrer. Il vit de petits larcins, on peut voir dans son casier qu'il a déjà été condamné pour vol dans le métro et d'autres vols à l'étalage. Il n'y a aucune volonté d'insertion, aucun projet d'autant que Monsieur a une demande d'asile en cours. Le Parquet demande donc quatre mois de prison ferme et une interdiction des Hauts-de-Seine pendant trois ans.

Le petit avocat aux cheveux blancs, un commis d'office habitué des affaires où l'on juge la misère, demande de la clémence.

— Comme vous pouvez le voir, c'est une personne très malade, qui est amaigrie. Il a besoin d'être suivi, c'est incontestable …

Le juge Delatour sourit au vieil avocat pour le remercier de sa plaidoirie, puis sourit également au prévenu. Par ce simple regard empli de bienveillance, ce juge décidément atypique redonne un peu d'humanité à un homme qui ne tient presque plus debout.

Verdict : Quatre mois avec sursis.

Chapitre 11
QU'EST-CE QUE JE SUIS ?

L'affaire a fait grand bruit. Tous les parisiens ont entendu parler de cet incendie qui a provoqué la mort de dix occupants d'un immeuble du 16e arrondissement. Le feu avait pris les habitants par surprise peu après minuit, quand beaucoup s'étaient déjà endormis. Après l'interrogatoire corrosif de l'adjoint-chef des pompiers, ouvertement accusé par une avocate d'avoir mal fait son travail, c'est au tour d'un autre pompier de venir témoigner. Contrairement à son prédécesseur à la barre, Aurélien n'est pas habillé du costume des sapeurs-pompiers, pour cause il a démissionné depuis. Malgré les longs silences qui interrompent son témoignage, les yeux rouges d'émotion, il conserve le langage technique et sans affect qui avait caractérisé le témoignage de son ancien chef. Quand il est arrivé sur les lieux, une vingtaine de kilos d'équipement sur le dos, tout l'immeuble était en flamme, il n'avait jamais vu ça un tel feu. L'intensité était telle qu'il était impossible d'identifier le foyer, tous les étages brûlaient avec la même rage.

— Mes collègues n'orientaient même plus le jet d'eau sur les flammes mais sur mes collègues qui intervenaient à l'échelle car il faisait trop chaud.

Arrivés vers minuit 45, les pompiers ont travaillé jusqu'à l'aube sans pouvoir utiliser leur camion car l'immeuble ne donnait pas sur la rue mais sur des cours intérieurs.

— Quand vous êtes sur des incendies comme ça, il y a comme une dissociation. De toute façon, votre cerveau n'a plus assez d'oxygène pour réfléchir. Vous faites ce que vous avez répété et répété à l'entraînement. On pose le cerveau et on y va.

Des corps tombent des fenêtres. Des défenestrés qui, pour échapper aux flammes, se donnent à la mort. Alors qu'il est sur l'échelle, une fenêtre explose en flammes au-dessus de lui. Il n'a plus le choix, il doit rentrer dans l'immeuble.

— La cage d'escaliers était comme une cheminée, il y avait une fumée très noire. J'ai vu un corps calciné dans les escaliers … c'était un enfant … méconnaissable … c'était de la paille, murmure-t-il au micro.

Sa voix s'étouffe, combattant avec pudeur l'émotion qui le prend au corps. Après quelques secondes d'un silence dont lui seul voit les images, il reprend :

— J'ai vu des calcinés … petits et grands …

Les yeux perdus dans ses souvenirs, il raconte, la tête baissée. Cette nuit-là, les pompiers ont vidé quarante bouteilles d'oxygène, toute la réserve qu'ils avaient à bord de leur camion où ils devaient retourner toutes les 20 minutes pour la changer. Malgré la chaleur qui fait fondre son casque, Aurélien parvient à sauver sept personnes.

— Merci monsieur, et bravo, conclut avec solennité l'assesseur après avoir entendu l'éprouvant récit du sapeur-pompier.

C'est la première fois que j'entends un magistrat dire bravo.

Parmi les bancs remplis de la bourgeoisie parisienne, une des parties civiles est habillée en sweat et jogging vert fluo floqué d'un gros logo *Beach club*, d'un anachronisme criant dans cette cour d'assise de Paris aux moulures dorées et au mobilier suranné. Cette nuit-là, cette voisine aux chaussures vert fluo assorties de petites chaussettes violettes avait attendu la mort sur son balcon du 8e étage, formulant des prières pour chacun des membres de sa famille et de ses amis. Finalement ce sont les pompiers qui sont venus.

Matthieu, le voisin du 7e étage, s'avance à la barre. Le jeune homme aux cheveux roux ressemble à s'y méprendre au prince Harry, un peu plus dodu, un peu plus tassé. Réveillé par une explosion, il molasse d'un pas lent jusqu'à sa fenêtre et constate, effaré, aveuglé par la fumée qui gronde furieuse, le cauchemar sous ses pieds. Des bouffées noires, des hurlements dehors :

— Ce ne sont pas des gens qui ont peur, ce sont des gens qui souffrent. Ils brûlaient.

Il entrouvre la porte n°72 de son studio, mais l'appel d'air précipite les flammes qui lui brûlent les cheveux. Impossible de s'enfuir par les parties communes. Il claque vite la porte et se recroqueville sur son balcon en refermant derrière lui les volets extérieurs. Il regarde à sa gauche. Sa voisine du 6e s'est faite une corde avec des draps, mais à peine a-t-elle entamé sa descente que la corde lâche. Sans un cri, elle sombre dans le nuage noir de fumée. Matthieu détourne le regard, pétrifié, et regarde à droite. Il voit son jeune voisin de 16 ans, Adel, enjamber la rambarde et sauter. Les bouffées noires l'avalent aussitôt. Voyant les flammes entrer chez lui, acculé par la fumée et la chaleur insupportable, Matthieu se suspend dans le vide en s'accrochant à son balcon, attendant de voir qui, de la mort ou des pompiers, arrivera le premier. Ayant vu ses deux voisins mourir, il n'a plus beaucoup d'espoir.

— Quand on est comme ça à la rambarde, est-ce que vous pensez ? Est-ce que vous pouvez encore penser ? s'interroge l'assesseur.

— Je me préparais à mourir. Je regrettais juste de ne pas avoir mon téléphone portable pour appeler mon père et lui dire que je l'aime.

Quelques minutes plus tard, miraculeusement, un pompier arrive dans la chambre. Cagoule de fuite, couverture de survie, oxygène, il est sauvé. Depuis, Matthieu prend un traitement pour dormir et pour chasser toutes ce cauchemar qui revient sans cesse, de jour comme de nuit.

— Je ne pourrai plus vivre dans un étage élevé. Là j'habite au 2e, c'est la limite. Et dès que je sens l'odeur de fumée, genre du barbecue, c'est pas possible pour moi, ça fait remonter trop de choses, soupire-t-il.

— Qu'est-ce que vous attendez de ce procès ? demande le président à la calvitie qui ne laisse que de rares cheveux sur le côté.

— Qu'il y ait une condamnation à la hauteur des dix vies qui ont été prises.

Un avocat prend alors la parole.

— Bonjour Monsieur, je suis l'avocat du père d'Adel, votre jeune voisin de 16 ans qui a sauté par la fenêtre. Mon client m'a demandé de vous demander s'il vous avait dit quelque chose avant de sauter ?

— Non, répond sobrement Mathieu qui aurait préféré dire que son voisin ait eu quelques mots ou quoi que ce soit pour son père.

— Mon client m'a également demandé de vous demander s'il y avait de l'espoir dans ses yeux quand vous l'avez vu sauter ?

— De l'espoir !? s'étonne Mathieu.

— Oui, enfin je veux dire pensez-vous qu'il pensait survivre à ce saut ?

— Non, il n'y avait aucun espoir, juste de la détermination.

Mathieu s'arrête un instant, plongé dans cette scène terrible.

— Il n'avait pas peur. Il savait qu'il n'avait plus le choix. C'était juste de la détermination.

— Je vous remercie, se résout l'avocat.

Le regard vide, perdu dans ces images qu'il avait essayé de chasser depuis longtemps, Mathieu rejoint son père d'un pas lent. Sur les bancs des parties civiles, le vieil homme enlace tendrement son fils.

Au tribunal de Paris siègent trois cours d'assises, je n'en n'avais jamais vu autant dans un seul palais de justice. J'ai mis longtemps à les trouver, cachées dans un labyrinthe de couloirs parfois sombres et tortueux, parfois majestueux et superbes de lumière. Il est impossible de trouver la Salle Voltaire sans au préalable avoir fait quelques recherches, et force est de constater qu'elle se trouve de l'autre côté du Palais, après avoir traversé une succession de galeries aussi désertes que monumentales. Quelques journalistes traînent à l'entrée de la salle Voltaire, leur caméra sur pied attendant quelque chose à filmer. L'entrée dans une cour d'assises de Paris est toujours accompagnée d'un portique de sécurité, et c'est donc seulement après avoir retiré sac, veste et ceinture que vous êtes autorisé à découvrir l'intérieur de la Salle Voltaire. Forcément, on est impressionné. Une quinzaine de mètres de hauteur sous plafond, un plafond à caissons en bois sculpté de style Renaissance, un papier-peint aux dorures élégantes qui sent la cire et le vieux bois. Une immense fresque borde l'un des murs, le couronnement d'un roi où sont dessinés quarante personnages, dont une seule femme, peignant le pouvoir d'un autre temps.

Dans le box des accusés, Mme Boularès écoute les débats le dos voûté. Les cheveux courts, une écharpe autour du cou, elle demande au policier derrière elle un mouchoir pour essuyer ses larmes quand la sœur de Radia raconte le vide que sa mort a créé.

— C'était la joie de vivre incarnée, un soleil, parvient-elle à dire entre larmes et sourires. Dès qu'elle allait quelque part, elle mettait une ambiance, une joie. *C'était le plus beau bébé de toute la clinique*, avait dit le médecin à ma mère le jour où elle est née. Elle était belle, très belle, se souvient-elle émue.

Pendant quelques minutes, elle plonge la cour d'assises dans une enfance algérienne pleine de tendresse, un mouchoir à la main pour essuyer les larmes d'une voix qui, par moments, s'étouffe malgré elle.

— Je me souviens, elle m'aidait à écrire mes lettres d'amour. Ma mère disait toujours : *La merveille, c'est de te serrer dans mes bras*. Et elle, elle disait toujours à ma mère : *Tu ne manqueras jamais de rien avec moi*. Chaque mois, elle lui envoyait 700 euros, pas parce qu'elle en avait besoin, non juste pour qu'elle se fasse des petits plaisirs.

Elle rit entre ses yeux encore humides, puis sourit, puis son visage retrouve une douleur calme. Comme si, pendant quelques secondes, elle avait oublié que tout ça n'était que du passé, comme si ses souvenirs avaient pu la ressusciter quelques instants, avant qu'elle ne meure à nouveau. Quand son père le leur a dit, elle n'y croyait pas. *Mais non Radia vient samedi, elle nous l'a dit hier !*

assurait-elle à son père. Le regard dans le vide, elle ajoute :

— Elle disait qu'elle serait toujours là pour nous … Sur ce coup-là, elle a dû mentir …, souffle-t-elle.

Elle disparaît quelques instants dans ses pensées avant de relever la tête vers le président qui, à aucun instant, ne l'a interrompu.

— Je vous remercie du créneau que vous avez réservé aux victimes et à leurs proches. Merci.

Aussi bouleversant soit-il, je me rends compte qu'effectivement, ce temps donné aux parties civiles ne sert souvent qu'à elles. La peine prononcée ne dépendra pas de la gentillesse de la victime, donc savoir si elle était appréciée ou non, si elle était généreuse ou non n'a que peu d'intérêt pour la cour, mais est crucial pour la reconstruction des victimes. Les mots de la sœur de Radia résonnent comme un hommage funèbre. Dans ces procès souvent froids, ces petites bulles d'humanité hors de tout jugement ont pour seuls buts de réparer ceux qui souffrent. Entre accusations, formalités judiciaires, interrogatoires policiers, procès-verbaux, rapports d'experts techniques, ce temps suspendu rend au tribunal toute sa noblesse. Invitée par le président à parler librement, la victime partage sa souffrance à la société représentée, à ces inconnus qui incarnent bien au-delà de leur anonymat. Elles ont la parole pour exprimer leur colère, leur tristesse, leurs souvenirs, leurs regrets, leur envie de vivre, et invariablement, le président leur demande :

— Qu'attendez-vous de ce procès ?

— Pour nous, c'est trop tard … mais nous ne voulons pas que ça arrive à d'autres innocents, réplique la sœur en essuyant ses larmes.

***

Le vendredi 17 février a lieu l'interrogatoire très attendu de Mme Boularès. Toutes les parties civiles sont présentes, si bien que la salle est fermée au public et les débats retransmis à l'autre bout du tribunal pour les curieux qui veulent y assister.

— Est-ce que vous avez peur de vous-même ? demande une avocate à Mme Boularès.

— Non, répond-elle, la détention m'a fait beaucoup grandir.

Cela fait quatre ans qu'elle est en détention, mais de ses propres aveux elle continue à fumer du cannabis.

— Comment vous vous fournissez en prison ?

— Par des personnes.

Agacée, l'avocate répète sa question, à laquelle cette fois-ci l'accusée veut bien répondre :

— La drogue elle est partout en prison … dans la cour, tout le monde fume.

— Vous dites qu'il faut vous faire confiance, que vous allez arrêter de fumer, mais où est le processus de sevrage ? Je ne vois rien moi ! s'insurge-t-elle.

L'avocat de Mme Boularès se lève et l'interrompt :

— J'aimerais que la partie civile change de ton avec ma cliente !

Le président demande à l'avocate de poursuivre.

— C'est un engagement dans le soin, récite Mme Boularès après un effort de concentration.

— J'avoue c'est une belle phrase, se moque l'avocate nullement impressionnée par cette formulation préparée à l'avance, mais je ne vois pas les résultats.

À bout de force, interrogée depuis le matin, l'accusée craque :

— Mais comment voulez-vous que je fasse ? La détention, encore une fois, c'est un cauchemar. Le joint c'est mon échappatoire, sinon j'me flingue. Je ne vis plus … Maintenant on va mettre un terme à la discussion si vous voulez bien, finit-elle par dire épuisée en se rasseyant.

Le président intervient alors, lui demandant de se relever et de répondre aux questions.

— Quelles activités en prison vous permettent de vous évader ? demande l'avocat. Pas au sens littéral évidemment …, précise-t-elle rapidement, se rendant compte de sa maladresse.

— Aucune.

— Vous parliez d'indemniser les victimes, mais vous n'avez aucun revenu. Comment comptez-vous faire ?

— En respectant mes obligations de soins.

La réponse, aussi surprenante soit-elle, semble sincère. Mme Boularès soupire dans le micro, épuisée.

— Pouvez-vous nous dire quel est votre traitement aujourd'hui ?

— Deux anti-dépresseurs le matin, puis un neuroleptique, puis un thermorégulateur contre les décompensations, un médicament pour le sevrage d'alcool, puis un antidépresseur le soir pour m'aider à m'endormir, énumère-t-elle d'une traite.

— Est-ce qu'il y a quelqu'un qui vérifie que vous prenez bien votre traitement ?

— Pas en détention.

Cette dernière question est tout sauf anodine. Lors de son dernier séjour en hôpital psychiatrique, le psychiatre de Sainte-Anne l'avait laissée sortir car elle prétendait prendre ses médicaments et se sentir beaucoup mieux, affirmant qu'elle n'avait plus d'hallucinations ou de voix, mais quelques jours plus tard elle mettait le feu à l'immeuble, cet immeuble du plus chic arrondissement de Paris que tous ses occupants qualifiaient d'*auberge espagnol* où régnait une bonne ambiance. Mme Boularès, elle, le traite de *trou à rats*, allant même jusqu'à parler de *marchands de sommeil*.

Mme Boularès parle d'elle-même avec un vocabulaire scientifique et médical, jonglant aisément entre les termes de *bipolarité*, de *décompensations*, d'*altération du discernement*, et de tout un tas d'autres qualificatifs associés à la psychiatrie qu'elle connaît trop bien :

— Vous savez, j'ai 30 ans de psychiatrie, depuis mes 12 ans. J'ai le Vidal en tête, dit-elle sans fierté. J'ai un mal-être profond sur lequel je n'arrive pas à mettre de mots. En fait, depuis 30 ans, je n'arrive pas à savoir qu'est-ce que je suis.

Dans les moments de silence comme celui-ci, on entend son souffle dans le micro. Un souffle fort, constant, bruyant, qui berce la salle d'audience de ses pensées torturées.

S'en suit alors le témoignage de la voisine du 6e étage, qui a survécu par miracle. Quand ils entendent leurs murs crépiter et prendre feu, le couple comprend qu'ils ne peuvent plus rester et parvient à escalader jusqu'au 7e étage par la force des bras, se cramponnant à une corniche de 30 centimètres. Heureusement, ils n'écoutent pas les pompiers qui leur crient *Ne faites pas ça ! Ne faites pas ça !* Elle voit les flammes engloutir un autre appartement vide qui, pourtant, ne devrait pas l'être. Instinctivement elle regarde au sol et découvre le corps de sa voisine sur une civière. Elle comprend alors, et se prépare elle aussi à cette possibilité pour échapper aux flammes. Bientôt, la chaleur est telle que les pompiers les arrosent mais ils doivent tout de même escalader un étage de plus car le feu les rattrape. Suspendue dans le vide et retenue seulement par le bras par son petit-ami, elle allait lui dire de la lâcher pour ne pas qu'ils tombent ensemble quand une autre voisine est apparue pour lui saisir l'autre bras. Un miracle. Pourtant, aucune joie ne parvient jusqu'à elle.

— Quand on arrive à se réfugier dans l'appartement du 8e étage , j'entends une fenêtre exploser et on entend des cris ... des cris que je ne souhaite à personne d'entendre, lâche-t-elle en pleurant.

Son petit-ami et elle se regardent, comprenant tout de suite qu'il s'agit des cris d'une personne qui brûle, mais l'autre voisine leur demande ce que c'est que ces cris.

— On lui a menti, on lui a dit que c'était rien, que c'était quelqu'un qui avait eu peur. Mais nous on savait bien que ce n'était pas ça.

La jeune femme qui brûle avait, elle, écouté les pompiers qui lui disait de ne pas bouger et d'attendre qu'ils arrivent. Un lourd silence ponctué de pleurs résonne dans la cour d'assises.

Pendant une semaine, elle n'a pas été capable de se débarrasser de cette odeur de fumée qui avait pénétré son corps. Malgré les shampoings, elle s'endormait chaque soir avec cette odeur de fumée qu'elle assimilait et qu'elle assimilera à jamais à une odeur de mort. Elle s'est vite remise au travail pour penser à autre chose, s'enfermant dans un déni qui éclata un an plus tard. D'un coup, tout a lâché. Du jour au lendemain, cette directrice de banque a compris qu'elle était en dépression et a posé sa démission. Elle a quitté Paris qu'elle ne pouvait plus supporter et vit à la campagne maintenant, alors que son rêve avait toujours été de vivre à la capitale.

— Qu'attendez-vous de ce procès ? demande comme à chaque fois le président avant de clore l'interrogatoire.

Surprise par cette question pourtant rituelle, elle prend quelques secondes pour réfléchir.

— Si vous m'aviez posé la question hier, j'aurais répondu : comprendre. Après ce que j'ai entendu aujourd'hui quand Mme Boularès a témoigné, que le bâtiment n'avait qu'à être plus récent, que la jeune fille de 19 ans n'avait qu'à prendre un extincteur, je me dis que rien n'a changé. Quand elle dit que la détention c'est dur … nous on a tous pris perpét' ! C'est là que je me dis qu'elle n'a rien compris et que la sanction doit être à la hauteur de ses actes, chose que je n'aurais jamais dite hier.

***

Pendant ce procès, je me souviendrai de la bande-dessinée réalisée par une des occupantes de l'immeuble âgée de 23 ans le jour de l'incendie. Montrée par son avocate sur les écrans géants de la salle, on peut voir les dessins en noir et blanc, et la fumée noire dessinée grossièrement avec des dents pointues et des yeux féroces. Le dessin, imprécis et instinctif, montre l'horreur, la peur, la mort qui crie par les fenêtres. Peu à peu le noir envahit les pages jusqu'au moment où l'avocate affiche les photographies de la chambre brûlée, entièrement noire.

Le pas lourd, un nouveau témoin arrive à la barre.

— Je lui avais proposé de changer d'appartement, mais elle l'aimait beaucoup, elle avait vu sur la Tour Eiffel. Cet appartement, c'était la raison de nos conflits. J'avais même un compromis de vente pour un autre appartement qu'on devait acheter, mais au dernier moment elle a refusé parce qu'elle voulait rester là.

Il a la voix grave, triste et un peu tremblante. Ce jour-là, il se souvient de la dispute qui a initiée le drame, de la musique de Mme Boularès qui résonnait dans tout l'immeuble et des cris d'un des voisins qui voulait mettre fin au vacarme. Mais plus il s'énervait, plus le volume de la musique augmentait, jusqu'à ce qu'il frappe dans les murs pour la faire taire.

J'ai ressenti les vibrations jusqu'à chez moi, dit l'homme à la voix triste.

Jamais il n'aurait imaginé que Mme Boularès, emportée par la colère, allait se venger en brûlant un linge au pied de la porte de ce voisin, mettant le feu à tout l'immeuble. Non, lui et sa femme se mettent au lit à 23h30, après ce qui ne devait être qu'une simple embrouille entre voisins. D'ailleurs, ils devaient travailler tôt le lendemain et sont endormis presqu'immédiatement. Réveillés par les bruits d'explosion, sûrement des fenêtres qui éclatent sous la chaleur, ils ne comprennent pas tout de suite ce qui se passe. C'est quand ils découvrent la cage d'escalier en flammes qu'ils paniquent. Lui, sidéré, d'habitude si prompt à trouver des solutions, n'arrive plus à penser.

— Mon épouse panique complètement. Elle met des affaires sous la porte pour empêcher la fumée de passer. Elle n'arrêtait pas de parler alors que j'étais silencieux. Je ne trouvais pas de solution. Tout d'un coup on voit le voisin d'en face, du 7e ou du 8e, tomber. Là ma femme se met à crier *On va mourir ! On va mourir !*

Il essaie d'appeler les pompiers mais, tétanisé, il ne se souvient même plus du numéro. Il va sur Google avec son téléphone et tape *Urgence pompiers*.

— Et là Google me dit *18* ... J'essaie d'appeler mais ça marche pas. Je sais pas pourquoi.

Alors ils attendent, le feu s'approchant de plus en plus, rendant l'air et la chaleur insupportable. Quand ils regardent pas la fenêtre, ils ne voient que des bourrasques de fumée noire qui empêchent toute visibilité.

— Je ne voyais même pas s'il y avait des pompiers.

Non, ils ne voient que des flammes et n'entendent que des cris. Son voisin de gauche est suspendu en sous-vêtement dans le vide, sa voisine de droite est accrochée à son balcon, tous deux sur le point de tomber.

— Je sentais le temps. Toutes les solutions que mon épouse me proposait, je ne pouvais pas les contrer. J'étais sidéré. Pour nous, on était complètement isolés. Donc quand ma femme a proposé l'idée absurde de faire une corde, j'ai dit oui. Elle prend un drap et me dit de prendre la housse du lit pour le nouer au drap. J'enlève la housse, je lui tends. Elle me dit *Prépare-toi, prends tes papiers, prends ta carte d'identité*. Je ne réfléchis pas, j'étais pas capable de réfléchir, alors je cherche ma carte d'identité. Mais je ne la trouve pas. Au bout d'un moment, je me dis que c'est pas grave, je descendrai sans. Quand je me retourne, elle n'est plus là.

Le tribunal est suspendu à ses paroles. Sa voix, éteinte, revit ces quelques secondes où sa vie a basculé. Quelques secondes passent.

— Quand elle a disparu, je craignais le pire, je ne réalisais pas. Quand je suis allé au balcon, j'ai vu qu'il manquait le deuxième drap, la housse que je lui avais tendue.

Il s'arrête un instant, puis reprend de sa voix grave et douce :

— On ne voyait même pas en bas à cause de la fumée. On ne voyait rien.

Ses phrases sont de plus en plus douloureuses à prononcer, elles lui font mal, et sa douleur est si sincère que des larmes silencieuses, pudiques, coulent parmi le public.

— Je me suis assis sur le bord du lit. Je ... je ne pouvais plus bouger, j'étais tétanisé. Je voyais tout le passé et l'avenir disparaître. Je ne pouvais plus bouger ... Je pense que j'ai dû rester là 30 minutes à peu près, c'est difficile à dire. Un pompier est arrivé, il m'a demandé de le suivre, je n'ai pas bougé. Je n'arrivais pas à bouger. Je me souviens, le pompier avait l'air effrayé.

Ce n'est qu'une heure plus tard qu'il verra le corps de sa femme. Avec une dignité qui rend sa souffrance encore plus palpable, il raconte la stupeur, l'inconcevable.

— C'est une tempête qui s'est abattue sur moi. Une tempête on ne peut pas l'accuser. J'ai perdu un être cher. Rien ne pourra changer. J'essaie de l'accepter.

Sa voix déraille, mais il continue de parler, de raconter combien il était fou amoureux d'elle. Il raconte cette femme pleine de vie, pleine de joie et pleine d'avenir.

— Radia avait des rêves, comme tout le monde j'imagine …

Et même s'il sait que ça ne sert à rien, il ne peut s'empêcher de ressasser les solutions qu'il aurait pu trouver, qu'il aurait *dû* trouver. Quatre années après le drame n'ont rien adouci de sa culpabilité, au contraire. Il énonce au tribunal les solutions qu'il n'a pas trouvées cette nuit-là, et chacune d'elle s'enfonce dans son cœur comme un poignard. Il ne cherche aucune excuse, il sait qu'il ne se pardonnera jamais.

— Elle m'a complètement transformé, et elle continue à le faire même si elle n'est plus là.

En larmes, Mme Boularès paraît encore plus seule dans le box des accusés beaucoup trop grand pour elle. Par l'intermédiaire de son avocate, elle demande à prendre la parole. Le président lui accorde cette prise de parole spontanée que tout le monde redoute tant elle est imprévisible. Son mouchoir toujours à la main, l'enfant dans un corps d'adulte s'excuse de toute la peine et le drame qu'elle a causé, elle n'en dort plus, elle n'en mange plus, assure-t-elle. Elle ajoute, désolée, qu'avec les traitements médicamenteux qu'on lui donne en détention, elle a du mal à suivre les débats, beaucoup de mal. Parfois elle s'endort. Il est difficile de juger une femme à la complexité psychiatrique insaisissable, car on est tantôt pris de pitié, tantôt écœuré. Ces émotions contraires, elle les a en elle, et c'est exactement cette instabilité qui est jugée aujourd'hui. Prise de colère, elle a mis le feu à l'immeuble sans réfléchir plus que ça. On pourrait comparer ça à une colère d'adolescent, sauf qu'elle a tué 10 personnes et blessé 90 autres. Elle a transformé un caprice d'enfant qui ne veut pas mettre sa musique moins forte en une tragédie qui brisa et traumatisa la vie d'une centaine de personnes. Mais est-elle vraiment capable d'empathie ? Elle donne l'impression de compatir à la souffrance des autres quand elle les voit directement face à elle, quand les victimes viennent à la barre raconter l'horreur qu'ils ont vécue et qu'ils continuent de vivre jusqu'à aujourd'hui, hantés par les souvenirs. Mais quand il s'agit d'une empathie plus théorique, une empathie par anticipation, elle ne semble pas avoir les ressources pour pouvoir l'éprouver. Son intelligence semble s'arrêter à ce qu'elle voit, comme si elle ne pouvait pas se projeter plus loin que son présent immédiat. Ce que les jurés jugent pendant ce procès, c'est son absence d'imagination.

Le procès, très médiatisé, dura une quinzaine de jours pendant lesquels les habitants de l'immeuble revécurent, jour après jour, le drame heure après heure. Pour la première, ils entendirent le récit de voisins qu'ils ne faisaient autrefois que croiser mais qui aujourd'hui sont les seuls à pouvoir comprendre ce qu'ils ont vécu. Si cela n'a en rien atténué leur douleur, ce procès leur a permis de la vivre à plusieurs.

Verdict : 25 ans de prison ferme, dont 2/3 tiers de sûreté. Mme Boularès fait désormais parti des 3,5 % de femmes qui peuplent les prisons françaises.

Chapitre 12
LE DOIGT, LE DENTIER ET LE BOULANGER

Il m'a mordu le doigt jusqu'à le couper en deux. Il a arrêté de me mordre car il n'y avait plus rien à mordre. Tels sont les mots que la victime a prononcé lors de sa déposition au commissariat et que la présidente du tribunal lit à voix haute. La victime n'est pas là pour montrer son doigt amputé, ni aucun témoin. Pas étonnant, les sans-papiers ne raffolent des tribunaux. Seul le mordeur est à la barre. Colosse aux épaules si larges qu'elles rentrent difficilement dans son costume beige clair emprunté pour l'occasion, cheveux rasés, tête taillée au couteau sur un cou inexistant, nez pointu, Mohamed ressemble à un requin aux petits yeux noirs comme des billes enfoncées maladroitement. Des jambes trop fines pour un buste trop développé ne font qu'accentuer cette inquiétante impression de force brute qu'il dégage à la barre.

Un après-midi de juillet 2020, ce boulanger de profession accompagnait une marchande de sommeil en découdre avec un loyer impayé. Une petite chambre délabrée de 9 mètres carrés où vivait un couple de sans-papiers, une cellule de prison en somme qui coûtait 500 euros par mois. En pleine crise sanitaire, la victime n'avait plus de travail et était en retard de ses trois derniers loyers, des loyers d'autant plus infondés que la chambre n'appartenait pas à la marchande de sommeil qui s'était illégalement attribuée le lieu après la mort du dernier locataire. Elle, évidemment, ne payait rien à personne et surtout pas au bailleur social Paris-Habitat.

Mohamed, pour faire pression, amène avec lui cinq autres gars pour rendre visite à la victime. Après avoir défoncé la porte d'entrée, Mohamed propose élégamment : *Soit tu payes, soit je fais travailler ta copine.* Mais bien sûr le locataire n'a pas plus d'argent qu'avant, alors Mohamed prend la jeune femme par le poignet et la tire vers elle. Son copain, par instinct ou par amour, se rebelle et une bagarre éclate. Face aux cinq colosses qui n'attendaient que ça, il ne peut pas faire grand chose à part essuyer les coups. Ils le jettent par terre, le piétinent et c'est dans la cohue générale que Mohamed lui mord le doigt jusqu'à ce que le bout d'annulaire tombe par terre. *Il y avait du sang partout*, rapportent les policiers.

— Mais madame, ce n'est pas possible, ce n'est pas moi. J'ai une prothèse, on ne peut pas mordre aussi fort avec une prothèse ! se défend-il en voulant retirer ses dents pour prouver leur innocence.

La juge essaie de l'arrêter mais son avocat insiste. Comme un trophée, Mohamed tend son dentier à la cour.

— Non mais franchement, vous auriez pu juste nous montrer des photos ..., déplore la procureure en détournant le regard.

Le pitbull à veste clair soutient que le doigt a été sectionné lorsque le locataire l'a frappé et qu'il n'y est pour rien, qu'à la limite peut-être a-t-il été sectionné car il y a un fil de fer dans sa prothèse et qu'un coup mal placé aurait pu provoquer tout ce drame. Dans une démonstration prodigieusement gênante, il essaie de montrer à la présidente où se trouve le fil de verre qui fait office de sécateur dans sa bouche.

— Donc votre prothèse, vous pensez que dès lors qu'on la touche on se sectionne le doigt ?

— Oui, c'est très dangereux, opine-t-il de la tête.

Exaspérée et franchement écoeurée, la procureure conclut :

— Personnellement, je ne rentrerai pas dans le détail pour montrer l'absurdité de cette explication. Je ne vous ferai pas cette offense.

Pour avoir coupé un doigt en le mordant, le boulanger écopera de 4 mois de prison aménageable en bracelet électronique. L'accusé est inséré professionnellement, on a peur que la prison et l'isolement le plonge dans la grande délinquance. Au-delà de l'extorsion d'argent, d'avoir menacé de prostituer une femme contre son gré, d'avoir tabassé à plusieurs un sans-papier, un doigt ne coûte pas si cher finalement,

Chapitre 13

LE VIDE DE L'AVOCAT

— Je suis là pour rappeler les règles, Maître.

— Ouais ouais ...

— Ce n'est pas *Ouais ouais ...* , c'est *Oui.*

— Oui, madame la Présidente.

Comme un élève qu'on vient de gronder, l'avocat de l'accusé se rassoit. Un tribunal est un rapport de forces, et la Présidente le rappelle ici d'un ton cinglant. Chacun dans cette salle a un pouvoir, bien circonscrit, et c'est un jeu délicat dont il faut respecter les règles. Moi aussi, assis sur les bancs des visiteurs presque vides, je fais partie de l'échiquier, que je le veuille ou non.

Dans son costume rouge à hermine blanche, la présidente s'impatiente ; tandis que dans le box transparent des accusés, Samba patiente. Ce n'est pas encore à lui de parler, pour l'instant il doit écouter et se taire. Chauffer Uber accusé de viol, Samba a déjà été condamné deux fois auparavant : pour braquage à main armée à sa majorité, puis il y a trois ans de ça pour avoir caressé le sexe d'une cliente pendant qu'elle s'était assoupie. La quarantaine aujourd'hui, il écoute assis dans sa bulle de verre, accompagné par deux policiers qui se tiennent debout derrière lui, les mains croisées dans le dos. Il écoute son meilleur ami qui vient de faire son apparition sur deux écrans accrochés en hauteur. Les salles de tribunal sont plus modernes que je le pensais, et s'adaptent comme tout le monde au télétravail. Nous voyons celui qui est interrogé, un jeune entrepreneur que l'attention qu'on prête à son témoignage emplit d'une fierté qu'il peine à cacher. En arrière-plan une bibliothèque, rien n'est anodin.

Madame la Présidente demande à ce meilleur ami de décrire brièvement l'accusé . Sûr de lui mais avec l'humilité qu'une telle circonstance impose, il parle d'une voix claire et dynamique, celle d'un jeune entrepreneur qui a travaillé avec Samba pendant quelques temps, un an ou deux. Samba était son attaché commercial, il allait démarcher des pharmacies pour leur vendre toutes sortes de choses. Voilà dix ans qu'ils se connaissent, et Samba a toujours été un collègue et un ami dévoué. Après avoir loué ses qualités, sa fiabilité et confirmé toute la confiance qu'il avait en lui, il jure que Samba n'aurait jamais fait ça, c'est impossible, ça ne ressemble pas du tout au Samba qu'il connaît.

— Le Samba que vous connaissez …, reprend la présidente dubitative, saviez-vous qu'il avait déjà été condamné pour agression sexuelle ?

— Non, j'en savais rien, admet-il interloqué. Je l'apprends à l'instant.

Le malaise est palpable. Le meilleur ami de Samba tente de ne pas perdre pied, mais son silence en dit déjà trop.

— Samba a toujours été très pudique sur ses relations, souffle-t-il.

— Très pudique ? s'étrangle la Présidente. Savez-vous qu'il a utilisé ces termes lors de son interrogatoire : « Elle pompe mieux que ma femme », « Ça va m'aider à me vider les couilles », « Quand une femme me plaît, je vais la voir et je lui dis *Suce-moi* »... ? Il utilisait ce langage *pudique* avec vous ?

— Non, jamais, murmure le jeune entrepreneur hébété.

— Saviez-vous qu'il n'avait pas le droit d'exercer son activité de VTC des suites de sa condamnation en 2019 ?

— Non..., son regard se perd avant de regarder à nouveau la caméra. Mais je suis convaincu que Samba n'a pas pu faire ça. Ce n'est pas lui.

Ce n'est pas lui. Cette phrase m'est longtemps restée en tête, car elle ne s'adressait plus à la Cour mais à lui-même. En état de sidération après ces révélations, il semblait absent, essayant sans y croire de se convaincre lui-même de l'innocence de son meilleur ami. Il était trop tôt pour que son cerveau puisse entendre l'impensable.

Quelques minutes plus tard, on appelle sa sœur à la barre. La jeune femme a le même âge que la victime assise à quelques mètres de là.

— Samba est innocent. Je pense qu'il est innocent, nuance-t-elle à contre-cœur.

— Est-ce que vous ne pensez pas que Samba est parfait avec ses proches, sa fille, ses amis, mais que quand il est seul il est une autre personne ?

— Samba n'est pas parfait.

Je ne vois pas cette jeune femme dos à moi, parlant face à la vingtaine de personnes qui la jugent même si ce n'est pas elle qu'on juge aujourd'hui. Combien de courage a-t-elle dû rassembler pour affronter cette assemblée hostile ? Combien de courage a-t-elle dû rassembler pour défendre celui que tout accuse mais qui, malgré tout, reste son frère ? Imperceptiblement durant le procès, les avocats et la présidente feront souvent référence à cette jeune femme, évoquant son *intelligence* comme si tous avaient reconnu en elle le beau mais tragique dilemme d'une sœur qui par devoir défend l'indéfendable.

De temps à autre, Samba s'agite dans sa cage de verre. On le voit noter des choses sur une feuille qu'il transmet à son avocat par une ouverture devant lui. L'avocat se retourne, lit la feuille puis fronce les sourcils. Ils répèteront la scène plusieurs fois, avec cette même mécanique bien orchestrée et qui à chaque fois semble exaspérer l'avocat. Samba, au gabarit très fin et sec, porte des lunettes de vue pour le deuxième jour de son procès en appel. Avec sa veste en daim et sa chemise rose, Samba a des allures d'intellectuel finement taillé. Je ne peux m'empêcher de me demander s'il porte des lunettes pour se donner de l'allure pendant le procès, ou si elles font partie de son quotidien.

— On a quitté Évry pour sauver mes enfants, tous nos enfants. Il était en pleine crise d'adolescence, raconte maintenant sa mère à la barre. Il avait été exclu de son école.

— Il avait 26 ans quand vous avez quitté Évry, ce n'est plus l'adolescence..., rectifie la Présidente qui n'essaie à aucun moment de paraître sympathique.

— Oui, admet-elle désolée.

Si la sœur de Samba s'était présentée à la barre avec l'élan du devoir à accomplir, sa mère avait perdu toute force. Le poids de ce procès et le déshonneur la plongeaient dans une profonde apathie. Lors de son témoignage, j'ai plusieurs fois cru qu'elle allait faire un malaise tant ceci la dépassait. Elle parlait français, mais cela lui demandait un certain effort.

— Il a été condamné à cette époque pour braquage à main armée au tribunal d'Évry. Vous savez ce que c'est ? Vous étiez au courant ?

— Je ne sais pas... Je ne connais pas les termes de la justice française.

— Aujourd'hui Samba est accusé pour une affaire où la cliente s'est réveillée avec son sexe dans sa bouche et des doigts dans son vagin.

Là j'ai vraiment cru qu'elle allait s'évanouir. Je pense que personne jusque-là ne lui avait dit les choses aussi crûment. De la manière dont la Présidente lui posait les questions, il était certain qu'elle lui reprochait un vague déni de la réalité. L'interrogatoire avait à peine commencé qu'on savait tous que cette mère de famille n'allait pas en sortir indemne.

Lors de son témoignage, j'apprends que Samba est mauritanien, marié au pays avec la sœur de son oncle.

— Il ne voit son épouse que deux fois par an. Mais il me dit que cela ne le pèse pas du tout, il ne trouve pas difficile d'attendre six mois pour avoir des relations sexuelles.

La Présidente reprend :

— La police est venue chercher votre fils à votre domicile à 6h du matin. Quand ils ont sonné vous leur avez dit qu'il n'était pas là, pourquoi ?

— Je pensais que c'étaient des faux policiers. Il était 6h du matin. Je tremblais. Il était 6h du matin, je venais de me faire réveiller. On sonne chez vous au milieu de la nuit, j'avais peur, je tremblais...

— À plusieurs reprises, vous leur avez dit qu'il n'était pas là.

— Ce n'est pas vrai, je leur ai dit d'aller voir dans la chambre.

— Ce n'est pas ce qui est écrit dans le procès-verbal.

Lors d'un procès, le procès-verbal fait figure de Bible. C'est la parole de Vérité qu'on ne peut pas remettre en question et sur laquelle tous s'appuient invariablement pour construire leur propre vérité.

— Il est écrit que vous leur aviez dit qu'il n'était pas là, qu'ils ne vous ont pas cru et qu'ils ont fouillé la maison. C'est là qu'ils l'ont trouvé dans une chambre.

La mère de Samba avait beau arguer que ce n'était pas vrai, sa parole avait peu d'effet face au procès-verbal que la Présidente brandissait entre ses mains. Présider un tribunal est un art difficile et somme toute parfois cruel. Il m'a été donné d'entendre qu'un Président faisait exprès de poser les questions les plus dures aux victimes car, s'il le fait avec bienveillance, les avocats de l'accusé n'auront pas à le faire avec des intentions moins nobles. Lors de la première journée du procès, c'est la présidente qui a demandé à la victime comment celle-ci était habillée lorsqu'elle est entrée dans ce Uber, laissant sous-entendre cet argument nauséabond qu'elle a peut-être aussi une part de responsabilité dans ce qui lui est arrivée. Si c'est la Présidente qui pose la question, elle peut limiter la casse, si ce sont les avocats de l'accusé qui lui posent la question, ils n'hésiteront pas à tirer leurs conclusions à voix haute, la traitant d'aguicheuse ou même lui dire de ne pas venir se plaindre après que des choses arrivent. Dans ces moments de vulnérabilité extrême qu'offrent les tribunaux, certaines paroles peuvent détruire les victimes, c'est pourquoi certains présidents préfèrent les protéger. C'est avec ce filtre qu'il faut lire les questions de la Présidente. Sous des paroles parfois franchement blessantes peut se cacher une réalité bien plus bienveillante qu'on ne le pense.

Mais en ce qui concerne l'accusé, la Présidente ne prend pas la peine de ménager ses proches. Au contraire, elle est décidée à les bousculer. Alors que la mère de Samba explique avec émotion à la cour qu'à la mort de son mari, Samba est devenu la figure paternelle de la famille, un homme sur lequel se reposer, la Présidente enchaîne :

— Lors du procès-verbal, votre fils a dit : « Je suis sorti de la voiture comme un chacal. Je me suis mis à l'arrière. Elle m'a demandé si elle pouvait me sucer. » Vous reconnaissez votre fils ?

Un silence. À nouveau j'ai peur pour cette mère dont chaque mot semble vouloir dire qu'elle veut disparaître.

— Je ne veux pas le juger.

Entourée par plus de vingt personnes qui la fixent, hostiles, elle se redresse, comme si cette ultime humiliation l'avait réveillée de sa torpeur. Elle se tient droite, devant cette cour qui l'accuse insidieusement d'avoir mal éduqué son fils. Il est évident qu'aujourd'hui on assiste au procès de cette mère à qui l'on reproche de ne pas avoir surveillé de plus près les agissements de son fils. À plusieurs reprises, la Présidente lui demande si elle était au courant des autres condamnations de ce fils qui vivait sous son toit, de sa détention, mais les réponses sont confuses et se contredisent, exaspérant la Présidente dont les questions sous-entendent de plus en plus que ce laxisme la rend indirectement complice du viol qu'on juge aujourd'hui. Acculée, la mère de Samba n'a plus d'autre choix, sinon s'effondrer. La honte la révolte. Ce n'est plus uniquement son fils qu'elle vient défendre, c'est son honneur de mère. Elle parle alors de la difficulté de subvenir seule aux besoins de sa famille, d'un mari mort trop tôt, des cités glauques et dangereuses dans lesquelles ils vivaient, ghettoïsés, marginalisés, de l'absence d'aide … Il est certain que la vie est un combat quotidien pour cette mère, et avoir du temps disponible pour penser au-delà de la survie est un luxe qu'elle n'a jamais pu s'offrir.

— Vous ne parliez jamais de sexe avec votre fils ?

— Dans ma culture, on ne parle pas de ça.

— Même de contraception ?

La mère hoche la tête négativement.

— Ou juste lui demander s'il fréquentait quelqu'un ?

— Non, ça ne me regarde pas.

L'accusé a besoin d'aller aux toilettes. Il se lève, on le menotte, puis les policiers l'emmènent. À son retour, l'expertise psychologique peut enfin débuter. L'homme à la barre entame alors un long monologue qui commence alors par le constat d'un accusé tout à fait lucide et conscient de la situation, même s'il cherche toujours à minimiser les faits, qu'il s'agisse de ceux reprochés aujourd'hui comme ceux pour lesquels il a été condamné dans le passé. Il n'en parle jamais frontalement, préférant toujours noyer ce dont il a été condamné dans un flou qu'il manie très bien. Du moins, leur échange fut jugé par le psychologue très courtois, voire même presque agréable.

— Il a la capacité de savoir ce que l'autre veut entendre.

***

Le troisième jour du procès commence trente minutes en retard. C'est le jour où l'accusé allait pouvoir expliquer sa version des faits, enfin. Toute la journée hier, j'avais vu Samba prendre des notes dans sa cage en verre, je voulais savoir comment il allait défendre une cause qui semblait d'avance perdue. Certes il n'y avait pas de témoins, peut-être allait-il tout miser là-dessus ? Parmi les visiteurs, je suis presque le seul. Sa mère et sa sœur ne sont pas là.

L'avocate de la victime — une femme d'une quarantaine d'années qui, si elle devait être comparée à un animal, ressemblerait en tout point à une petite souris grise, vive et frêle — avait demandé au Procureur général de faire une lecture intégrale de la déposition de la victime en préambule de la séance d'aujourd'hui. La victime, qu'on appellera Sofia, avait passé un anniversaire dehors avec des amis. Épuisée et un peu enivrée, elle avait commandé un Uber pour rentrer chez elle et s'était assoupie aussitôt s'être introduite dans le véhicule. Elle ne savait pas bien combien de temps elle avait dormi, tout ce qu'elle peut dire c'est que la scène de viol a duré une vingtaine de minutes. Le procès-verbal dans les mains, Madame la Présidente lit la déposition :

— *J'ai été réveillée par la douleur car il avait ses doigts dans mon vagin et son sexe dans ma bouche. J'ai voulu me retirer mais il m'a dit d'attendre car il voulait jouir. Il a remis sa main derrière ma nuque et a remis son sexe dans ma bouche et ses doigts dans mon vagin.*

La Présidente lit d'une voix froide, sans affect, comme on lirait le mode d'emploi d'un viol. Pourtant, malgré l'apparente indifférence, difficile de ne pas percevoir son mépris pour l'homme qui se tient dans cette cage de verre.

— Le policier a indiqué que la victime a pris le Uber à 1h50 du matin, et qu'elle a envoyé un message à sa sœur à 4h50.

Puis la Présidente poursuit la lecture de sa voix neutre :

— *Au bout d'un moment, il s'est retiré et m'a demandé si j'avais des préservatifs car « il voulait me baiser », m'a-t-il dit. « Non », je lui ai répondu. Pendant vingt minutes, il m'a obligé à lui faire une fellation. J'avais juste envie que ça se termine. Je pleurais. Quand j'ai compris que je n'arrivais pas à le repousser, j'ai voulu que ça se termine le plus vite possible. J'avais peur qu'il me tue.*

La Présidente marque une courte pause, puis reprend :

— *Puis il m'a reconduit chez moi en voiture. J'avais des blessures à la bouche car il me faisait des va-et-vient très violents. Quand je suis arrivé chez moi, j'ai tout de suite écrit à ma sœur.*

Après cette lecture glaçante, la Présidente demande si l'avocat de l'accusé a lui aussi une demande. Petit, tassé, le dos courbé par le poids des années, il parle avec une assurance arrogante, sûr de lui alors qu'il est d'une utilité plus que contestable. Chacune de ses interventions jusque-là était soit hors-sujet, soit d'un intérêt si médiocre que personne ne perdait son temps à rebondir sur ce qu'il disait. La cour semblait seulement l'écouter par politesse. Il est vrai qu'il n'avait vraiment pas beaucoup d'éléments pour étayer la défense de son client. Mais même un silence m'aurait paru une meilleure défense qu'un besoin artificiel d'exister. Ainsi, quand la Présidente lui demande s'il a une requête, il s'empresse de lui demander de lire des conversations par textos relevés par la Police sur le téléphone de son client. Ces conversations, bien que longues, mettent en lumière le fait que Samba hésitait à rendre un téléphone oublié dans son VTC par une de ses clientes. Non seulement ces conversations n'alimentent en rien l'affaire, mais elles desservent sans équivoque Samba qui déjà flirtait avec l'honnêteté et montrait dans ses messages une agressivité lancinante. Heure après heure, la présence de cet avocat devient de plus en plus embarrassante.

Lors d'un procès, c'est une sorte de jeu d'échec qui se joue. Ceux qui interrogent posent leur question dans un but précis et veulent démontrer leur point avant que l'interrogé s'en aperçoive, au risque que ses réponses soient orientées. C'est alors un jeu d'intellect où, si l'interrogé parvient à deviner ce que l'avocat veut lui faire dire, il essaie alors de brouiller les pistes ou du moins de formuler des réponses qui ne l'entraîneront pas dans un échec et mat. L'échec et mat est ce moment magnifique où la dernière question de l'interrogatoire est la conclusion d'une déduction préparée depuis longtemps, dévoilant ou bien un paradoxe dans la pensée de l'interrogé, une faille mise à nue ou pire encore un mensonge sciemment élaboré. Mais cet avocat-là semblait poser des questions sans aucune arrière-pensée, sans aucun plan visant un quelconque argument. Déconcerté, je le regardais meubler son temps de parole. Il fallait bien dire quelque chose puisqu'il était payé pour dire quelque chose, alors il parlait sans plus de but que de montrer qu'il existait.

Après avoir invité Samba à se lever, la Présidente lui demande de lui raconter à nouveau tout ce qu'il s'est passé cette nuit-là. Je mets du temps à comprendre l'intérêt de répéter inlassablement le déroulé des événements, mais rapidement j'y vois l'évidence : il s'agit de vérifier la cohérence du récit. Entre la première déposition de Samba au commissariat puis la seconde, de nombreux détails de l'histoire avaient déjà changé. Et cette fois-ci encore, la version de l'histoire sera différente, et Madame la Présidente ne se prive pas de pointer du doigt ce récit dont la crédibilité s'effrite un peu plus à chaque fois.

— J'ai pris la route pour aller chez elle mais je voyais qu'elle dormait profondément, affirme Samba. J'étais inquiet de savoir si elle allait bien. Alors je me suis arrêté près d'un immeuble et je me suis garé. Je savais pas s'il fallait que je la réveille ou pas, ou s'il valait mieux qu'elle dorme encore un peu. Je me suis arrêté pour réfléchir. Et là j'ai vu dans le rétro qu'elle s'était réveillée. Je lui demande si je peux m'asseoir à côté d'elle sur la banquette arrière. Elle me dit *oui*. Je vais à côté d'elle délicatement et ...

Madame la Présidente l'arrête aussitôt, le PV à la main.

— *Délicatement* ? Ce n'est pas ce que vous avez dit en déposition.

Elle rapproche le PV de ses yeux. Vous dites, je cite :

— *Je vais derrière en courant. Comme un chacal, je me mets à côté d'elle.*

C'est ça ce que vous appelez *Délicatement ?*

Il ne répond rien.

— La victime dit avoir entendu le téléphone sonner à plusieurs reprises pendant l'agression. Pourtant, dans vos déclarations, vous n'en faites jamais mention, pourquoi ?

— Il n'y a jamais eu aucun coup de téléphone. Elle ment ! s'emporte-t-il. Elle ment clairement, elle ment beaucoup.

— Mais pourquoi mentirait-elle pour un coup de téléphone ?

— Je ne sais pas. Mais de toute façon, Madame, vous avez déjà choisi qui était coupable. Vous avez déjà choisi.

— Monsieur, répondez à la question.

Samba laisse alors éclater une agressivité jusque-là scrupuleusement étouffée :

— Ça sert à rien que je vous parle de toute façon vous me croyez jamais ! s'impatiente Samba qui peine à se maîtriser.

D'un signe de la main, son avocat lui fait signe de se calmer et de baisser la voix. S'il avait fait illusion en affichant un calme respectueux pendant ces trois jours d'audience, ces quelques secondes suffisent à entrevoir l'homme autoritaire qu'on nous dépeint cette nuit-là. Malgré un texte mal appris, l'acteur avait bien joué son rôle jusque-là, me laissant même parfois penser qu'un individu aussi inoffensif n'avait rien à faire sur le banc des accusés. Mais cet éclat de colère fissura la mise en scène, et la Présidente orchestrait tout cela avec brio, le poussant dans ses retranchements pour mieux l'observer.

— Les policiers ont vu sur votre téléphone que votre femme avait appelé à plusieurs reprises cette nuit-là, et vous ne lui avez pas répondu. Pourquoi ?

— J'étais sur silencieux.

— Je ne comprends pas, Mr Tagio. Pourquoi vous réfutez des détails aussi insignifiants ? Dans les procès-verbaux, il y a un autre exemple comme ça. Lors de votre seconde déposition, vous dites aux policiers que vous aviez garé votre VTC dans une rue au moment de l'agression, or ils vous font remarquer que vous aviez parlé d'une ruelle la première fois. Vous vous mettez en colère contre eux et ils sont obligés de regarder votre premier interrogatoire filmé où, effectivement, vous évoquez à plusieurs reprises et avec précision une ruelle. Alors, rue ou ruelle ?

— Je ne sais plus, il faisait sombre.

— Bon, continuons. Que s'est-il passé après vous être assis près d'elle ? Quelles étaient vos intentions ?

— J'avais aucune intention. Moi je voulais juste m'asseoir près d'elle c'est tout.

— Pour savoir si elle allait bien j'imagine ...

— Oui c'est ça, répond-il sans relever l'ironie.

Sur le banc de la défense, Sofia se lève précipitamment et sort de la salle, aussitôt suivie par une amie. La cour les regarde partir sans un mot. Je peux comprendre que la victime ne veuille pas assister à un tel vomi de mensonge.

— Et ensuite ? reprend la Présidente.

— Elle s'est mise à me faire une fellation.

— Attendez, je ne comprends pas. Visiblement vous nous dites qu'elle ne se sentait pas bien quand elle est entrée dans votre voiture, que vous étiez inquiet pour elle au point d'arrêter votre voiture pour voir ce qu'il se passait. Et elle, finalement, elle vous fait une fellation. Ça ne vous surprend pas ?

— Non, non. Je pense qu'elle allait mieux.

— D'accord. Et après ?

— Je lui ai dit qu'elle suçait bien.

La Président regarde le procès-verbal puis rectifie :

— Vous lui avez dit : *Tu pompes mieux que ma femme*.

— Oui. D'ailleurs ma femme ne m'a jamais sucé, confie-t-il à la présidente qui ne sait pas trop quoi faire de cette information.

— Et ensuite, que s'est-il passé?

— Au bout d'un moment, je sens qu'elle fatigue. C'est là qu'elle a arrêté la fellation, et je me suis mis à la masturber. J'avais mal aux testicules. J'avais les testicules pleins mais ça je l'ai pris sur moi, j'ai pas éjaculé. J'ai pris sur moi, répète-t-il avec gravité en opinant de la tête.

À entendre Samba, il a fait preuve d'une noblesse dont peu sont dotés. Noblesse qu'il est allé soulager aussitôt après l'avoir raccompagnée :

— Je suis allé regarder des vidéos sur mon portable dans une station-service.

— Dans une station-service ?

— Oui, enfin sur le parking de la station-service, dans ma voiture.

— Hmm..., grommelle la Présidente qui ne l'écoute déjà plus, plongée dans le procès-verbal de sa première déposition. *J'avais mal aux couilles, fallait que je me vide les testicules*, avez-vous dit aux policiers lors de votre interpellation. Ceux-ci ont pu établir une chronologie détaillée des faits grâce à votre téléphone. À 5h28 du matin, vous regardiez YouPorn, jusqu'à 6h21. Puis un arrêt. Puis vous recommencez à midi quarante-huit, heure à laquelle vous regardez *Jeune teen se fait baiser par une grosse bite noire.*

Le policier derrière Samba explose de rire, essayant vainement de se cacher le visage pour ne pas qu'on le voit. De sa voix froide et nasillarde, la juge énumère alors la liste des vidéos visionnées, torturant le pauvre policier pris par un fou rire qu'il communique maintenant à sa collègue :

— À 6h 08, vous avez regardé *Super chaude petits seins obtient un très juicy 69*, puis à 6h12 *Girls love black facial ...*

Les deux policiers essuient discrètement leurs larmes juste avant que la présidente ne relève les yeux de son procès-verbal.

— Très bien Mr Tadio, avez-vous quelque chose à ajouter ?

— Quand les flics m'ont cherché, j'étais encore endormi, chez moi, j'avais peur, c'était un traumatisme pour moi. C'était comme une expérience de mort imminente.

Je ne sais pas si c'est son avocat qui, en désespoir de cause, lui a conseillé de susciter un peu de pitié, mais l'effet est désastreux. Le tribunal ne peut s'empêcher de sourire. C'est bien la première fois que je vois le visage des jurés se détendre.

— Vraiment, c'est un traumatisme..., insiste Samba d'un air perdu. Une expérience de mort imminente, répète-t-il avec un air très affecté.

La Présidente ne peut pas prononcer d'avis personnel, elle est là surtout pour orienter les débats et mieux comprendre la pensée des prévenus. C'est donc avec intelligence qu'elle tente de rappeler à l'accusé quel est le vrai traumatisme ici.

— Selon vous, pourquoi elle vous a accusé de l'avoir violée ?

— Il faut aller voir dans ses ressorts psychiques.

— Ses ressorts psychiques ? s'étonne la Présidente.

— Il faut aller étudier dans son psychisme.

— Elle a des problèmes psychiatriques ?

— Oui, elle ment. Elle ment beaucoup.

Samba n'attire pas la sympathie. Si la justice n'existait pas, certain qu'il recommencerait encore et encore, car à aucun moment il n'admet la moindre erreur. Mais ce qui m'étonne ici le plus, c'est que le Parquet censé représenter les pouvoirs publics ne soit pas également jugés comme responsable, voire contraint à verser des dommages et intérêts à la victime. Samba avait été condamné quelques années auparavant pour les mêmes faits, agressant de la même manière une cliente dans son véhicule. Il avait une obligation de soins psychiatriques qu'il n'a pas honorés, ainsi qu'une interdiction d'exercer l'activité de chauffeur VTC qu'il n'a eu aucune difficulté à bafouer, invoquant comme seule explication le besoin urgent de rembourser une dette de l'Urssaf. L'État a failli à appliquer les peines qu'il avait imposées et n'a engagé aucun suivi, créant par ce manque de vigilance les conditions d'une récidive. Je ressors du tribunal avec ce sentiment d'injustice. Le tribunal a acculé la mère de l'accusé, mais n'a jamais remis en cause le rôle de l'État qui s'est défait de sa part de responsabilité.

Le verdict est tombé le lendemain. 15 ans de prison ferme, dont 10 incompressibles

Chapitre 14
LE MAUVAIS ACTEUR

Aucune des salles du tribunal de Nanterre n'a de fenêtre, donnant cette étrange sensation que le temps s'arrête à la porte. Escorté par deux policiers, James arrive dans le box fendu d'un sourire gêné de voir autant d'yeux braqués sur lui. Pendant une heure, le monde et le temps ne tourneront qu'autour de lui, et c'est un peu grisant, jamais James n'avait reçu autant de lumière. D'habitude on le cache dans des cités, trop pauvre pour être montré ailleurs.

Les policiers lui retirent les menottes en même temps que la juge Broult lui retire son sourire. La petite juge aux cheveux courts colorés châtain et lunettes rondes regarde d'un œil noir les deux acolytes dans le box en verre. On dirait deux potes du lycée que la proviseure engueule après une connerie. D'emblée sympathique, James est le genre d'invité que t'aurais eu plaisir à accueillir chez toi le temps d'une soirée, un martiniquais à la bouille un peu bouffie, à la voix douce et au sourire communicateur. Les deux amis sont accusés de recel et surtout d'être indirectement complice d'un trafic de drogue, bien que leur activité principale consistait uniquement à blanchir l'argent. Au moins ils le faisaient avec chic, car la combine consistait à acheter en espèces des montres Rolex à dix mille euros. Les trafiquants les payaient mille euros pour chaque transaction de Rolex et ça leur suffisait. Ils avaient fait ça quelques fois, tout roulait bien, jusqu'au jour où ils se sont fait embarquer par un contrôle de police à Levallois-Perret. Faut dire que James avait pilé juste devant eux.

Interpellés avec une Rolex et seize mille euros sur eux, ils sont emmenés au commissariat où les policiers découvrent une autre Rolex coincée entre les fesses d'un des acolytes.

— Mr Sagna, vous ne travaillez pas, votre femme vit avec 848 euros par mois de la CAF. C'est d'ailleurs elle qui a refusé d'ouvrir la porte de votre domicile aux policiers qui ont été contraints de la fracturer pour entrer chez vous. Elle leur a dit que vous étiez en train de divorcer, c'est vrai ?

— Non.

— Comment vous expliquez que les policiers lors de la perquisition à votre domicile aient trouvé autant de belles choses chez vous ? lui demande-t-elle en parcourant le procès-verbal. Une facture Montcler à 850 euros alors que votre foyer gagne 848 euros par mois, des chaussures Balenciaga — Je ne sais pas ce que c'est — un caleçon à 250 euros, un t-shirt à 490 euros, un sac Christian Dior, des vestes Saint-Laurent... ?

— Ça peut m'arriver de me faire des petits plaisirs, répond James avec une petite voix.

— Ah bah moi ça m'arrive pas de me faire des petits plaisirs comme ça ! s'offense la Présidente. L'argent qu'on a trouvé sur vous lors de votre interpellation, il venait d'où ?

— Je ne peux pas donner de noms, Madame. Tout le monde me connait dans mon quartier, j'aurais des représailles...

— Pendant l'interpellation, les policiers trouvent cette Rolex qui coûte dix mille euros, puis ils font passer le chien, qui s'appelle Mani, précise-t-elle. Mani est tout excité dans la voiture et trouve une première liasse de billets. Vous dites aux policiers que vous ne savez pas d'où vient cet argent. Ils insistent, et vous leur dites que ces seize mille euros c'était pour des vêtements ... Entre nous, c'était pas la meilleure réponse, raille-t-elle avec un sourire mauvais.

La juge Broult effraie tout le monde dans la salle. Personne n'ose broncher et on l'écoute comme une prof qui engueule ses élèves avec un plaisir un peu malsain. Sans ménagement, elle continue :

— Puis pendant l'interrogatoire vous leur aviez dit que c'était pour une artiste malienne, maintenant vous nous dites que vous ne pouvez pas donner de nom... Pourquoi vous changez autant de versions ? Plus louche tu meurs !

Assurément James ne sait pas quoi répondre. On le voit qui réfléchit à toute vitesse en essayant de dissimuler le plus possible sa panique, mais ce n'est pas très réussi.

— Monsieur, ce qu'on vous reproche ce n'est pas d'être trafiquant de drogue, c'est de prendre l'argent et de le recycler. Quel est l'intérêt de mentir ?

— Quel est l'intérêt de mentir ... ? répète James de manière complètement lunaire, le regard dans le vide, cherchant à gagner un peu de temps pour trouver une réponse pas trop absurde.

Las, la juge ne lui laisse pas le temps de réfléchir. Elle enchaine :

— Et la question qui tue : Pourquoi on retrouve plein de drogue sur ces billets ?

L'avocat de James tente de répondre quelque chose mais la Présidente l'interrompt tout de suite, désireuse de ne pas être dérangée pendant son monologue.

— Les analyses ont prouvé que l'argent a été en contact avec de la drogue, comment vous expliquez cela ?

James et son complice sont juste des pions dans ce trafic nantais, des délinquants de seconde main sans importance et pas très malins. Ils n'ont même pas cherché à dissimuler les preuves. Les condamner ne changera rien, tout juste cela contraindra les trafiquants à recruter d'autres personnes suffisamment pauvres pour prendre le risque de blanchir leur argent.

— Et pourquoi vous êtes passés par une revendeuse ? Vous lui avez acheté la montre sur une aire d'autoroute, mais ça n'aurait pas été plus simple de l'acheter directement en magasin ?

— C'est pas possible en magasin, ils veulent pas vendre aux noirs et aux arabes, répond l'acolyte de James jusqu'alors muet.

La juge Broult remet ses lunettes rondes pour parcourir à nouveau le procès-verbal :

— Quand les policiers vous demandent votre numéro, vous leur donnez un faux numéro, pourquoi ?

— Ils ont mal compris..., chuchote-t-il d'une voix de plus en plus faible.

— D'accord, et ils ont mal compris aussi quand vous leur avez dit que vous ne vouliez pas leur donner votre code secret leur permettant d'entrer dans votre téléphone ?

— Il y avait des photos intimes de moi, je voulais pas qu'ils voient ça.

— Vous pensez bien que les policiers s'en fichent de voir vos fesses sur votre téléphone … et pourquoi vous avez refusé de signer le procès-verbal ?

— Ça prenait une mauvaise tournure.

— Mais Mr Sagna, dit-elle avec un sourire qui fait peur, bien sûr que ça prend une mauvaise tournure ! Vous avez des montres Rolex dont vous ne pouvez expliquer d'où elles viennent, des dizaines de milliers d'euros sur vous que vous ne pouvez pas expliquer non plus, un chien qui sent de la drogue partout dans votre voiture, vous donnez un faux numéro de téléphone, vous refusez qu'on regarde dans votre téléphone ... c'est sûr que c'est fort louche ! conclut-elle avec un parfum de désuétude.

Taillé comme une armoire à glace chauve au crâne brillant, c'est au tour de l'avocat. Il attendait impatiemment d'avoir la parole. Malheureusement pour lui, on sent tout de suite que la Présidente n'aime pas les avocats, et qu'ils ne sont pour elle qu'un rempart à la vérité. D'emblée elle lui demande de faire court car, de toute évidence, elle s'en moque de ce qu'il pourra bien dire. Ce mastodonte était le seul à tenir tête à la juge quand elle faisait des remarques désobligeantes pendant l'audience, n'hésitant pas à la contredire ouvertement, allant même jusqu'à glisser à voix haute des petites remarques cinglantes, des invectives certes agaçantes mais qui avaient le mérite de modérer l'omnipotence de la Juge Broult, même si le prix de son insolence lui vaut une courte plaidoirie. Imperturbable, il commence son plaidoyer.

— D'habitude je fais beaucoup plus long, aujourd'hui je fais beaucoup plus vite car vous me l'avez demandé, précise-t-il.

La Juge Broult joint alors les mains comme si elle allait prier et lève les yeux au ciel en signe de remerciement. Impassible, il déroule son plaidoyer et énumère la longue liste des vices de procédure. Vicieux mais malin. Lors de l'interpellation, les policiers n'ont pas dit aux interpellés qu'ils avaient le droit de garder le silence lorsque ceux-ci leur ont demandé d'où venaient les billets. De même, lors de la garde à vue, aucune mention du fait que le refus de révéler le code secret de leur téléphone constituait une infraction et que c'était la raison pour laquelle ils étaient maintenus en garde à vue. Fort de cette procédure en dehors du droit, l'avocat à carrure de rugbyman exige l'invalidité de la procédure et demande la relaxe. Un angle intéressant qui, si on était au poker, s'apparenterait à un *tapis*. Il mise tout sur la forme et non le fond. S'en est alors suivi un débat avec le procureur général pour savoir si les questions posées par les policiers rentraient ou non dans le cadre d'un interrogatoire. À vrai dire, la réponse est très subjective. Dans tous les cas, l'avocat a trouvé une belle faille à exploiter et, malgré l'évidente culpabilité, James n'ira peut-être pas en prison ce soir.

Chapitre 15
À L'USURE

— Il y a rarement des cas qui m'inquiètent autant pour la société, lâche avec effroi la procureure.

Ce procès est l'un des plus marquants qu'il m'ait été donné d'assister, et sans doute celui où la frontière entre juger et prescrire était la plus trouble.

— C'est une personnalité d'un dossier d'assise, lâche très tôt la procureure de la 6e chambre correctionnelle de Paris.

Karim, 40 ans et déjà 35 condamnations à son actif, a été abandonné par ses parents à l'âge de 7 ans. Mère maniaco-dépressive, *psychotique au dernier degré*, et père alcoolique, violent avec la mère autant qu'avec les enfants, tous deux détenus pendant quelques années pour trafic de stupéfiant. Un enfant c'était trop pour eux, pourtant ils en auront trois qu'ils abandonneront également. Pendant 6 années, ses parents ne se sont jamais manifestés. La mère réessaie alors les week-ends, puis abandonne à nouveau en disant qu'elle ne peut plus.

— L'abandon pour lui ce n'est pas concevable, conclut la procureure qui tente de comprendre pourquoi Karim a harcelé Céline avant de la violer.

Quand elle décide de mettre un terme à leur relation quelques mois plus tôt, Karim ne peut pas l'accepter. Il lui envoie 100 messages par jour, l'appelle une vingtaine de fois, rôde en permanence autour de chez elle avant de la suivre dans l'ascenseur et la viole dans son appartement, sur son lit. Elle lui avait dit non à plusieurs reprises, elle pleurait pendant l'acte, mais il ne s'est arrêté qu'après avoir éjaculé. Tout commence par ce viol, enfin non une agression sexuelle, tel que défini par le chef d'accusation. En réalité, le viol a été reconduit en agression sexuelle car la victime ne souhaitait pas aller aux assises, trop éprouvant pour cette femme fragile sous curatelle et régulièrement internée en psychiatrie. C'est déjà un effort et un courage remarquable qu'elle soit parvenue aujourd'hui jusqu'à la chambre correctionnelle qui juge cette affaire sur une après-midi, alors qu'un procès aux assises aurait duré une semaine. Mais la réalité de ce que l'on juge aujourd'hui est un viol, et tout le monde s'accorde là-dessus, ou presque.

Barbe de trois jours soigneusement coupé, athlétique et bien habillé, Karim a bonne allure et son charme est immédiat. Les cheveux courts et noirs, la peau légèrement basanée, il est d'une beauté virile que l'on voit dans des publicités pour parfums pour homme. Assis dans le box, le dos droit, le regard vif, il écoute sans un mot la procureure fouiller dans son passé car, comme elle le dit, *c'est pas pour rien qu'il est devenu ce qu'il est.*

À 13 ans, Karim est diagnostiqué schizophrène. Cette même année, il accuse son père de l'avoir violé. Le père, déjà connu des services de police pour trafic de stupéfiant, est immédiatement placé en détention provisoire à cause de ses accusations et meurt en prison. La sœur de Karim, persuadée que son frère avait menti, accuse alors son frère d'avoir tué son père.

— Elle le décrit comme *un barge*, *un malade mental* qui la regarde bizarrement et lui met la main sur les hanches.

Interné dans plusieurs foyers psychiatriques à cause de sa maladie, baladé entre les différents hôpitaux psychiatriques à cause de son comportement violent, il est finalement exclu après avoir agressé un éducateur. Le foyer écrit à son sujet : *Le suivi d'un lieu collectif est impossible*. N'ayant plus où dormir, Karim retrouve sa mère maniaco-dépressive et squatte chez elle, un appartement qu'il décrit comme *une véritable poubelle*. Karim a alors 21 ans, et partage sa vie entre sa mère, la prison et l'hôpital psychiatrique où il parvient encore à séjourner de temps à autres. Sa mère qu'il rackette et violente ne souhaite qu'une chose, qu'il parte de chez elle. Elle porte-plainte contre lui et gagne. Condamné, le voilà renvoyé en hôpital psychiatrique, mais il s'évade, rentre par effraction chez sa mère et compte bien y rester. À nouveau, ses excès de colère la terrifient, il l'insulte, la frappe, casse ses objets, brise ses fenêtres. Elle ne sait plus quoi faire pour qu'il parte. C'est à ce moment qu'elle porte plainte contre lui pour viol.

— Décidément, dans cette famille c'est un sport ! lance la procureure. Le fils porte plainte contre le père pour viol, la mère porte plainte contre son propre fils pour viol.

Je commence alors à peine à mesurer l'ampleur de cette vie chaotique dont chaque nouvel événement semble encore plus terrible que l'ancien. La procureure continue le portrait glacial de celui que l'on juge aujourd'hui. À cause de la maladie qui s'aggrave, la mère part à son tour en hôpital psychiatrique. Dans sa chambre d'hôpital, elle retrouve enfin le calme et la sécurité, cela faisait si longtemps qu'elle ne veut plus partir par peur de retourner chez elle, de retrouver celui qui la terrorise, la violente, et peut-être la viole. On ne saura jamais, car victime d'une infection à l'hôpital, elle y meurt, seule. À nouveau, Karim est accusé par sa sœur d'avoir tué l'unique parent qui leur restait.

— Son frère et sa sœur disent qu'il a tué son père et sa mère. Et aucune des accusations de viol n'a pu aboutir car les parents sont chacun mort avant le procès.

Le portrait de Karim se dessine de mieux en mieux, toujours plus effrayant à mesure qu'on en découvre les traits. Au décès de sa mère, il touche 50 000 euros d'héritage qu'il dépense en trois mois, avant de chercher une nouvelle victime.

— Y a plus de mère, alors il va s'attaquer à de nouvelles victimes, il cherche quelqu'un de vulnérable, de fragile … quelqu'un qu'il aura *à l'usure,* comme il dit, précise la procureure qui reprend ses mots.

C'est sans doute la première fois qu'une magistrate reprend tout son parcours depuis l'enfance, croisant les enquêtes de personnalités, les rapports des psychiatres, les innombrables procès-verbaux et son casier judiciaire. Ce travail colossal pour recouper les informations et analyser son comportement révèle avec quelle minutie cette procureur s'est attachée à comprendre comment il a pu en arriver là. La contextualisation du crime n'a pas pour objet de justifier mais de comprendre la logique qui a entraîné l'acte, et ainsi peut-être trouver le rouage à modifier pour casser cette logique où le crime apparaît comme le résultat d'une équation mathématique. Je me demande comment il perçoit cette froide interprétation de sa vie. Dans son box de verre, on l'oblige à écouter, comme si chaque événement était une note et qu'enfin cette procureur jouait la partition inaudible qui lie tous les événements entre eux.

Une fois sa mère décédée et l'héritage claqué en quelques mois, il décide de se faire ré-interner en hôpital psychiatrique et extorque de l'argent à une patiente avec qui il entretient une relation, manipulant ses sentiments exactement comme il le fera avec Céline. Il dort chez elle, habite avec elle, utilise son argent. Une plainte sera portée contre lui. Prison encore, puis il recommence encore : sortie de détention, pas de logement, internement, rencontre avec une patiente, Céline.

C'est la première fois que la jeune femme d'une trentaine d'années entend l'histoire de Karim, lui qui avait toujours été si secret avec elle sur son passé. Il n'en parlait à vrai dire jamais. Je ne peux imaginer le choc qu'elle doit avoir aujourd'hui en comprenant qu'elle n'est pas la première, en découvrant qui il est, tout ce qu'il porte, tout ce qu'il a tu pendant toutes ces années auprès d'elle. Suivie pour sa bipolarité et sa schizophrénie qu'elle traîne depuis ses 21 ans, Céline aussi est coutumière des séjours à l'hôpital, à la différence qu'à la sortie de son internement elle rejoint le domicile luxueux dont elle a hérité. Karim sort avec elle pendant un mois, avant qu'elle rencontre son frère et opte finalement pour lui. Elle restera ainsi avec le frère de Karim pendant 10 ans, et aura un fils avec lui.

— Pour cette famille, Céline est un bien. Que ce soit Karim ou son frère, il voit avant tout dans la victime une situation stable, un appartement, de l'argent, analyse la procureure qui tente de démêler cette histoire malsaine.

Puis, finalement, au bout de 10 ans, Céline change d'avis et sort à nouveau avec Karim. L'histoire est tellement hallucinante que je ne l'aurais pas crue si ça avait été un scénario de film.

Comme à son habitude lorsqu'il attrape une proie, Karim s'installe chez elle. Il vit avec le fils de son frère, mais peu importe il est là et jouit de l'appartement et de la vulnérabilité psychiatrique de Céline pour mieux la manipuler, exige qu'elle lui donne son assurance-vie pour qu'il puisse acheter une caravane, lui prend tout son argent de telle manière que la mère de Céline porte plainte pour abus de faiblesse. Rien n'y fait, il reste, obligeant la mère de Céline à placer sa fille sous curatelle en 2021 afin qu'il cesse de dilapider son argent. *Je vais te niquer, petite salope*, avait-il dit à la sœur de Céline quand il apprend qu'elle est sous curatelle.

Difficile de savoir s'il était amoureux de Céline ou de la situation qu'elle lui offrait, un enfant, un appartement, une insouciance financière, une stabilité qu'il n'avait jamais eu la chance d'entrevoir et encore moins de vivre. Ils restent ensemble pendant plus d'un an, se pacsent même, mais Karim est très jaloux, notamment de son frère qui vient visiter de temps à autres son fils. Il n'aime pas la présence de ce frère qu'il essaiera, par conséquent, d'écraser en moto. À l'enquêteur, son frère dira de Karim qu'*il est un psychopathe qu'il faut neutraliser et mettre en prison.*

Poussée par sa mère et sa curatrice, Céline prend conscience de l'emprise malsaine qu'il exerce sur elle et décide de déposer plainte pour abus de confiance. Mais la séparation n'est pas audible pour lui, il ne peut pas la laisser partir. Alors qu'elle est internée en raison d'une crise psychiatrique, il parvient à se faire hospitaliser dans le même institut *par amour*, *pour ne pas la laisser seule*. Il l'appelle 15 fois par jour, quand elle le bloque il l'appelle d'un autre numéro, son téléphone borne à 1217 reprises en un mois près de son domicile, et pendant 4 mois il rôde ainsi devant chez elle, la surveillant, l'épiant sans même chercher à être discret, au contraire il veut qu'elle le voit. Il est partout et Céline, comme sa mère auparavant, ne sait plus quoi faire pour s'en débarrasser, surtout qu'il tombe sur une vidéo YouPorn où il est certain de la reconnaître.

Sa paranoïa atteint alors un sommet et il se convainc qu'il est de son devoir de la *protéger*. Même s'il montre la vidéo à la mère de Céline et qu'elle ne la reconnaît pas, il est convaincu qu'il s'agit bien d'elle et que tout le monde est au courant. Ce délire paranoïaque le conduit à Sainte-Anne où il est hospitalisé pendant un court séjour, avant de retourner la *protéger* au pied de son immeuble, espérant la croiser et c'est ce qu'il se passera. Il la supplie de prendre un café, il insiste tellement qu'elle n'a pas vraiment le choix. La discussion tourne court, elle regrette rapidement d'avoir accepté et rentre chez elle. Sauf qu'il la suit, se glisse avec elle dans l'ascenseur, l'embrasse de force, lui prend ses clés et ouvre la porte de chez elle. Elle lui demande de sortir mais il la porte jusqu'à sa chambre et la plaque sur son lit, avant de la pénétrer sans préservatif. Elle le supplie d'arrêter, il voit ses larmes mais continue, continue jusqu'à jouir.

***

Karim est plutôt grand, une belle voix éraillée et calme. Il prend derrière lui quatre feuilles de papier raturées et griffonnées à la main, et lit la lettre qu'il avait préparée d'une seule traite : *Je n'ai jamais été violent avec madame, et dans « violence » il y a « viol ». Je n'ai jamais harcelé madame, ni elle ni son enfant. Je suis quelqu'un de loyal, d'altruiste, et d'honnête. J'ai fait preuve de bonne foi en lui rendant les clés de son domicile. J'ai bientôt 40 ans et j'aimerais profiter des dernières années de jeunesse qu'il me reste. Je suis tout seul, dans un égarement total. Je voulais vous faire part que la totalité de mes biens ont été vendus aux enchères. Je ne suis pas une personne mauvaise, j'ai été bien élevé par ma famille d'accueil. Je crois aux valeurs de la République Française. Après la lecture de cette lettre, je resterai dans le silence car j'estime que je ne veux pas fragiliser davantage madame. Enfin, pour conclure, ces accusations sont calomnieuses et diffamatoires. Je me sens humilié et trahi, c'est la première fois qu'on m'accuse de tels faits. J'imagine le pire quant à la suite de cette affaire. Je plaide non coupable et je demande ma remise en liberté.*

Malgré son droit à garder le silence, l'assesseur de la présidente parvient peu à peu à le faire parler :

— Jusqu'à maintenant, vous aviez toujours reconnu le viol, que s'est-il passé pour que vous changiez d'avis ?

— Je me suis bien renseigné sur le viol en fait. Ce n'était pas un viol. C'était un rapport sexuel entre personnes consentantes.

Les six femmes qui composent le tribunal le regardent, consternées :

— Est-ce que madame voulait ce rapport sexuel avec vous ?

— Non, souffle-t-il.

— Est-ce que vous avez quand même eu un rapport sexuel avec elle ?

— Oui.

— Bon, donc ça c'est un viol, conclut la juge.

L'accusé, gêné, baisse le regard. Sa maigre défense qu'il avait préparée depuis des mois tombe en quelques secondes. L'assesseur poursuit :

— Qu'est-ce qui change aujourd'hui, monsieur ?

— Rien, concède-t-il.

Il réfléchit un instant, sentant qu'on attend de lui des explications.

— J'ai eu une pulsion, je suis désolé, c'était par amour. C'était pour raviver la flamme de notre couple que j'ai eu ce rapport.

— D'accord, mais elle ne voulait ni raviver la flamme ni ce rapport.

— Je préfère garder le silence pour ne pas aggraver ma situation.

Alors qu'il se rassoit, l'assesseur insiste. Elle lui fait remarquer que la victime pleurait pendant l'acte, qu'elle lui disait que ça lui faisait mal. Il prend alors ses notes et lit :

— *Pour les douleurs, il faut peut-être qu'elle consulte pour en... do... métrio... se*, parvient-il à déchiffrer avec difficulté.

La présidente le regarde, ahurie.

— Pour *endométriose* ? répète-t-elle.

— Oui, c'est ça, endo... métriose.

— Bien ..., je suis sûre que madame en prend bonne note, ironise-t-elle.

Malheureusement, Karim ne semble pas comprendre l'ironie et se satisfait de cette réponse. Alors que d'autres accusés auraient osé de tels arguments avec affronts, Karim les affirme avec gravité. La présidente, percevant comment le manipulateur qui se dévoile sous ses yeux est parvenu à jouer avec sa proie, souhaite creuser. Surtout, elle s'étonne qu'au long de ses 35 condamnations par la justice et des multiples enquêtes de personnalités, Karim a toujours maintenu une chose : il est *victime* de la société.

— Aujourd'hui, qui est victime dans ce procès ? lui demande la présidente.

— Personne, répond-il sans hésiter.

Croit-il vraiment à ce qu'il dit ? L'absence de doute quant à sa réponse me rend perplexe, tout autant que la Cour qui ne s'attendait pas à une réponse aussi franche et spontanée. La présidente lui fait alors état du harcèlement, des messages qui n'arrêtaient pas et même du fait qu'il la surveillait sans cesse, l'épiant devant chez elle.

— J'étais inquiet pour ma victime, lâche-t-il sans relever le lapsus.

Les assesseurs et la présidente se regardent, mi-amusés mi-horrifiés.

— Mais monsieur, elle vous a bloqué pour arrêter de recevoir vos messages et vos appels. Vous dites que vous faisiez ça pour elle, pour la protéger, que vous êtes quelqu'un d'*altruiste*. Pourtant, vous continuiez de la harceler avec d'autres téléphones. Mais quand on bloque quelqu'un, monsieur, ça veut dire quoi ?

Face à ses paradoxes, il reste muet, et ne peut que constater les failles de sa défense s'agrandir.

— Est-ce que vous supportez qu'on vous dise *non* ? Dans un des procès-verbaux, quand vous parlez de votre relation, vous admettez que parfois vous avez des rapports sexuels avec elle en forçant un peu. Vous dites : *Forcer un peu c'est l'avoir à l'usure. « Je vais à l'usure »*, c'est votre grande phrase. Vous le dites lors de tous vos interrogatoires : *Quand madame ne veut pas faire l'amour, j'y vais à l'usure.* Est-ce que la frustration est trop forte ?

De sa voix rauque qu'on dirait effritée, il s'incline, donnant à entendre ce que l'on veut qu'il dise :

— Je pense que vous avez raison.

Profitant de ce qu'il soit dans la confession, l'assesseur réplique sans détour :

— Alors pourquoi vous l'avez violée ?

Il pense un instant. Tant de scénarios doivent se jouer dans sa tête à ce moment-là, hésitant entre dire ou tordre la vérité. Finalement, après quelques secondes, il revient sur cet épisode qualifié par la procureure de *bouffée délirante* :

— Quand j'ai vu qu'elle avait joué dans un film porno, ça m'a dévasté. Dans une optique de vengeance, j'ai fait cet acte. Le fond de ma pensée, c'est que madame est très vulnérable, très manigançable. Je crois que madame a été manipulée par mon grand frère. Ça a été orchestré pour me nuire, pour que je me retrouve en prison. On a retourné la tête de Céline pour que j'aille en prison.

Alors qu'il est suivi par un psychiatre à la Prison de la Santé, Karim a décidé de ne plus prendre son traitement par injection mensuelle contre la schizophrénie.

Quelques années plus tôt, il avait été condamné pour agression sexuelle sur la voie publique et avait précisé aux enquêteurs qu'il venait juste d'arrêter son traitement.

— Comment se passe votre incarcération ?

— Je ne vais pas chercher à vous amadouer, ça se passe mal. J'ai été tabassé à coups de casserole par mon codétenu de 4h à 7h matin parce que je ronflais. Ils ont dû m'emmener aux urgences.

La prison est un microcosme de violence pourtant censée inculquer le respect des règles. En réalité, elle plonge l'individu dans un univers absurde régit par la seule loi du plus fort. Calmement, Karim tend alors des papiers officiels de l'hôpital attestant ses propos. Habitué des tribunaux alors que tout, dans sa manière d'être et de parler, donnerait à croire le contraire, il a préparé sa défense avec soin.

— Quelqu'un vient vous voir au parloir ?

— Je suis très seul. Je n'ai aucune visite. Je n'ai personne à qui parler à part des terroristes et des braqueurs.

La procureure lui demande alors :

— Si jamais vous sortiez de prison, qu'est-ce que vous feriez ? Où est-ce que vous iriez ?

Il s'arrête un instant, surpris. Il est tellement formaté à devoir se défendre que cette question sans accusation le déconcerte. Jamais on le lui parle d'avenir ou de projet. Quelques secondes passent avant qu'il réponde avec un sourire :

— Très bonne question.

Il n'y répondra pas. Car sûrement, comme l'a brillamment démontré la procureure générale, son plan est de retourner en hôpital psychiatrique pour chercher une nouvelle victime.

Ce n'est pas Céline qui porte plainte pour viol, c'est sa mère, elle-même n'en avait pas la force. Quand la présidente demande à la jeune femme prostrée sur son siège de venir à la barre, aucun bruit dans la salle ne vient déranger ses efforts pour trouver le courage de se lever. Après un long, très long silence, elle se lève en soufflant :

— Je ferai ce que je peux.

Elle avance, des cheveux longs et blonds un peu châtains, des habits sombres couvrant des formes arrondies, un béret bleu foncé sur la tête. La première fois qu'elle était montée à la barre, la présidente lui avait demandé de l'ôter comme l'imposent les règles du tribunal, mais personne maintenant ne s'embarrasse plus de ce béret de peur de la brusquer. D'une voix hésitante, impressionnée par le tribunal de femmes face à elle, elle parle lentement, évitant de croiser le regard de celui qui la fixe dans le box des accusés. Sa maladie s'est déclenchée avec le cannabis quand elle avait 21 ans, une schizophrénie qu'elle est parvenue à stabiliser grâce aux traitements, même si elle vit *avec des hauts et des bas*. La jeune femme à un visage et une voix d'enfant, ses mots sont d'une grande pudeur. Quand on lui demande de décrire Karim, elle prend un long moment pour réfléchir.

— Je n'arrive pas à cerner le personnage. J'arrive pas à savoir est-ce que c'est une victime, un malade, un manipulateur, un drogué, un fou, ou juste un amoureux … Qu'est-ce qu'il est ?

Son avocat prend alors la parole, un homme fin et doux, qui parle lentement, très calmement. Tout le long de l'interrogatoire de Karim, il échangeait régulièrement des regards avec la curatrice de Céline pour savoir si elle tenait le coup. Sincèrement préoccupée par sa cliente, lui aussi fait son possible pour trouver les mots, cherchant à évoquer ce traumatisme avec douceur sans en atténuer la gravité.

— Comment était-il lors de vos rapports ?

— À chaque fois que je voulais me reposer, il voulait faire l'amour. Je me mettais de dos dans le lit, mais il commençait à me toucher, et si je lui disais non il s'énervait. Il insistait, il insistait, alors au bout d'un moment je le laissais faire parce que j'en avais marre et que je me disais que comme ça au moins il arrêterait. Lui il me disait que tous les couples faisaient l'amour au moins une fois par jour. Moi je savais pas si c'était normal ou pas dans un couple.

L'avocat la remercie de sa réponse, et s'excuse de devoir continuer à lui poser des questions, il comprend combien c'est douloureux.

— Y avait-il des moments étranges quand vous étiez ensemble ?

— Étranges ? Vous savez, quand on a une fragilité, on est forcément un peu spécial.

***

Lors de sa plaidoirie, l'avocat est éblouissant de douceur et de pertinence. Il introduit ses propos par les mots de l'experte psychiatre :

— *Quand elle est confrontée à la violence, elle se mure dans le silence. Elle attend que ça passe, car elle pense qu'elle souffrira moins.*

Il relève la tête de ses feuilles, regarde sa cliente, puis regarde la présidente droit dans les yeux.

— À un moment, il va sortir de détention. L'hôpital, comme il le dit lors d'une de ses dépositions, il sait très bien comment y aller : *La dernière fois, j'ai dit que j'étais suicidaire et c'est comme ça que je l'ai rejoint.* C'est un peu son terrain de chasse l'hôpital psychiatrique. Il y a une vraie dangerosité. Je suis très inquiet pour ma cliente qui, comme vous pouvez le voir, est très vulnérable. Quand il va sortir de détention, il sait très bien comment faire pour la retrouver. Moi, je suis en charge de la protection de cette dame. S'il vous plaît, protégez-la.

Cet avocat fait du bien à la profession. Il n'est pas dans l'excès boursouflé de lyrisme ni dans l'exagération d'une mauvaise foi caractéristique de bon nombre d'avocats. Il a quelque chose de très sain, d'humain et de mesuré.

Les réquisitions de la procureure, elles, sont moins douces. La magistrate ne cache pas sa frustration d'une affaire bâclée alors que l'accusé représente un vrai danger pour la société. Tout d'abord, elle insiste sur le courage de la victime et la remercie d'avoir porté cette affaire devant les tribunaux car, en faisant cela, elle permet également à d'autres d'être protégés de son emprise. Et même s'il ne peut pas être jugé à hauteur des faits qu'il a commis, Céline donne à la justice les moyens d'agir.

— La victime a essayé de se débarrasser de l'accusé, mais elle n'y arrive pas. À chaque fois, il revient. On a une victime qui est très digne, très très digne alors que les faits, eux, sont d'une extrême violence. Il la pénètre, il la viole alors qu'elle pleure.

Céline, sur le banc des parties civiles, écoute en silence le glaçant exposé de la procureure. Sa curatrice, assise à ses côtés, met la main sur son épaule pour la soutenir tandis que la procureure démontre combien les agissements de Karim sont, en réalité, calculés.

— Il a essayé d'écraser son frère en moto parce qu'il voulait qu'il dégage ! Parce que son frère a un enfant avec la victime et donc il revient tout le temps, il vient chez elle parfois le week-end pour voir son fils, mais lui il veut prendre sa place. Monsieur est tout à fait conscient de ce qu'il fait. Alors qu'il avait toujours avoué le viol, il a essayé de nous faire croire qu'en fait c'était consentant. Mais je rappelle à la Cour que nous avons intercepté une série de textos qu'il a envoyés à madame quand il était en détention et dans lesquels il parle bien de viol. Il sait très bien ce qu'il a fait puisqu'il lui demande de retirer sa plainte, lui disant qu'un viol c'est très grave et qu'il peut prendre 15 ans à cause de ça.

Une fois de plus, ce qui restait de la défense imaginée par Karim vole en éclats. La procureure connait son dossier si bien qu'elle a relevé toutes les incohérences, et surtout toutes les tentatives de manipulation. Lors de sa détention provisoire, alors qu'il n'avait pas le droit de la contacter, il lui avait écrit une lettre dans laquelle il lui déclarait une nouvelle fois tout son amour dans un lyrisme débordant de deux pages, puis avait ajouté à la toute fin un *PS : S'il te plaît, retire ta plainte*. Selon la procureure, il joue de sa schizophrénie pour semer un trouble qui légitiment ses actes.

— Ce n'est pas un psychotique, c'est un psychopathe, lâche-t-elle. Il sait très bien ce qu'il fait. Quiconque l'abandonnera subira une vengeance. L'abandon, pour lui, c'est pas concevable. Au vu de son passé chaotique, c'est pas pour rien qu'il est devenu ce qu'il est.

La procureure étaye alors son diagnostic, car si elle estime que Karim est tout à fait conscient de ses actes et de leur caractère illégale et condamnable aux yeux de la société, elle reconnaît également qu'il a par moment perdu le sens de la réalité, propre au psychotique.

— La vidéo porno, là c'est du délire. En fait, on est vraiment entre les deux : entre le psychotique et le psychopathe. Madame est tombée sur celui dont on ne peut pas se défaire. D'ailleurs sa mère est morte en essayant de le fuir. Madame a tout à fait raison et ses paroles sont très lucides quand elle nous dit qu'elle n'arrive pas à savoir s'il est malade, victime, fou, drogué, manipulateur, amoureux ... il joue sur tous les tableaux. Monsieur est un schizophrène paranoïde, c'est les plus difficiles à soigner car ils sont méfiants du médecin et ne reconnaissent pas qu'ils sont schizophrènes. Il refuse leurs traitements ou les arrête dès que leur état s'améliore, c'est caractéristique des schizophrènes paranoïdes.

Elle se tourne alors vers l'accusé.

— Monsieur, si vous ne prenez pas votre traitement, vous êtes foutu !

Après un silence que la procureure pèse de tout son poids pour que les mots résonnent dans l'esprit de Karim, elle ajoute :

— Même son frère et sa sœur – qui est psychologue – ont changé de numéro et d'adresse pour ne pas qu'il les contacte. Ils ont peur d'être sa prochaine victime.

La procureure demande alors la peine maximale, soit 7 ans de prison ferme et incompressible pour une agression sexuelle, bien loin des 15 ans qu'il aurait pu encourir si l'affaire avait été jugée pour viol.

— Il est déjà passé 35 fois devant les tribunaux. Je ne veux pas que la prochaine fois ce soit pour un nouveau viol ou pour meurtre. C'est quelqu'un de dangereux et qui restera dangereux. Et je suis triste car j'aimerais qu'il y ait des solutions, mais il n'y en a pas.

Cette dernière phrase sonne la sentence la plus dure. Elle n'a aucun espoir pour lui. Même s'il traite sa schizophrénie, il finira par arrêter le traitement et recommencera. Au-delà d'un suivi psychiatrique obligatoire, Madame la procureure requiert également une interdiction de s'approcher de la victime avec bracelet électronique. Elle précise que ce dispositif, s'il l'enfreint, permettra de trouver un prétexte pour le remettre en prison.

Une heure, voici le temps qu'il fallut à la procureure pour nous faire part de son diagnostic. Face au portrait qu'elle a rigoureusement décrit, il est vrai que Karim présente de nombreuses similitudes aux troubles associés à la psychopathie. Les professeurs en psychologie Lilienfeld et Arkowitz écrivent en 2007 : *Les psychopathes, charmants en apparence, font souvent bonne impression de prime abord, et les observateurs sont le plus souvent déroutés par le fait qu'ils semblent « remarquablement normaux ». Pourtant, ils sont centrés sur eux-mêmes, malhonnêtes, peu fiables, et s'engagent par moments dans des comportements irresponsables sans autre raison apparente que leur plaisir. Ils n'éprouvent aucune culpabilité, pas d'empathie ni d'amour, ils ont des relations sociales et amoureuses désinvoltes et insensibles. Les psychopathes trouvent généralement des excuses pour justifier leurs actes imprudents et scandaleux, et en imputent la faute aux autres. Ils tirent rarement profit de leurs erreurs ou des conséquences négatives de leurs actes, et ne parviennent pas (ou ne cherchent pas) à contrôler leurs pulsions.*

Le diagnostic semble en tout point correspondre aux troubles de Karim, et il n'est pas surprenant que plusieurs études tendent à montrer que 25% des détenus peuvent être diagnostiqués comme psychopathes. Dans *La Psychopathy Check-list* de Hare, le grand expert en personnalité psychopathe et en comportement criminel établit une liste exhaustive des caractéristiques du trouble qu'il divise en catégories. La première concerne les caractéristiques interpersonnelles et affectives : *Désinvolture et charme superficiel, estime de soi grandiose, mensonge pathologique, tendances à l'escroquerie et à la manipulation, absence de remords et de sentiment de culpabilité, émotions superficielles, insensibilité et manque d'empathie, incapacité d'admettre la responsabilité de ses actions*. La seconde partie des caractéristiques du psychopathe sont rassemblées dans un ensemble relatif au mode de vie et aux attitudes antisociales : *mode de vie parasitaire, manque d'objectifs réalistes à long terme, nombreuses relations maritales de courte durée, impulsivité, irresponsabilité, faible contrôle du comportement, problèmes de comportement précoces, délinquance juvénile, révocation de la liberté conditionnelle, promiscuité sexuelle, versatilité criminelle.*

La procureure se rassoit. Dans la salle, je suis le seul membre du public. Personne n'est venu soutenir la victime ou l'accusé, aucun ami, aucune famille. Il n'a personne. Je croise le regard de Karim, est-il seulement capable d'aimer ? Son avocat, qui semble aussi peu apprécier son client que le reste des personnes ici présentes, plaide sans ferveur mais avec raison :

— Madame le procureur, vous avez dit un peu plus tôt que mon client, je cite, *n'a pas la capacité d'être empathique*. Alors je vous le demande, et c'est presque une question philosophique : Peut-on juger quelqu'un pour un défaut de capacité ? Si on considère qu'il n'a pas la capacité d'être empathique, alors est-ce qu'il a vraiment un libre-arbitre ?

L'avocat, de petite taille et de petite voix, pose une question fondamentale : Que faire de ceux qui n'ont pas le sens de l'empathie et qui ne sont pas réellement capables d'aimer ? En posant la problématique de l'irresponsabilité des criminels psychopathes, l'avocat de Karim touche un point déterminant que Hare soulève en ces termes : *Le psychopathe est « sans conscience » du fait de l'absence « d'impact émotionnel ».* Et à la différence du sociopathe qui le devient, le psychopathe est né ainsi. Il existerait donc une prédisposition au crime pour ceux sujets à de tels dysfonctionnements émotionnels.

À la différence des conventions sociales, la morale prend racine dans la charge émotionnelle, dans l'empathie que l'on peut éprouver en étant témoin de la détresse de l'autre, et le psychopathe est étranger à cette notion de conscience morale, tout comme il est dépourvu de cette prédisposition naturelle à la notion de devoir. Qu'en est-il alors de sa responsabilité juridique ? L'avocat continue :

— Vous dites également qu'il n'y a aucune solution pour lui. Mais en disant cela, vous lui retirez tout espoir ! Comme disait Victor Hugo : on ne peut pas retirer à un Homme le droit de devenir quelqu'un de meilleur. Vos réquisitions c'est un peu un enfermement au carré car il est déjà enfermé dans sa psyché …

Ce procès est-il le procès de l'échec de la psychiatrie ? Car la psychiatrie, si elle parvient à traiter les expressions les plus violentes des psychopathes, se confrontent à des résultats contestables quant aux thérapies de fond. La psychanalyse se révèle peu efficace pour réduire les symptômes, la Haute autorité de santé préconisant plutôt l'approche des thérapies comportementales et cognitives, ou celle des thérapies psychodynamiques qui se concentrent sur la manière dont le patient a construit sa réalité actuelle et sur les expériences de vie qui ont influencé son regard sur son monde. Cependant, un chercheur a ainsi répertorié l'ensemble des résultats de tentatives thérapeutiques aux États-Unis et au Canada et son bilan est accablant. Sur vingt-six études de traitement de 1983 à 1993, force est de constater que les psychopathes tirent peu de profit des communautés thérapeutiques et des thérapies individuelles. Pire encore, certaines études telles que celle de Rice, Harris et Cormier en 1994 ont observé dans la communauté thérapeutique de sécurité maximale de Penaquishere au Canada que le programme de traitement avait un effet négatif sur les psychopathes car il ne faisait que renforcer leur narcissisme et leurs tendances à duper et à manipuler.

Il est déjà 20h30, la présidente regarde sa montre et demande à tout le monde de revenir pour 21h pour le délibéré. Les lumières éteintes, le tribunal judiciaire de Paris est d'un calme feutré quand on sort de la salle d'audience située au 4e étage. On entend quelques pas au loin qui se perdent, et je repense au goût amer que m'a laissé l'avocat de Karim et la fin nauséabonde de sa plaidoirie. N'ayant manifestement pas grand chose auquel se rattacher pour la défense de son client, il a tenté le tout pour le tout, justifiant la manipulation qu'aurait subi Céline par cette question ouverte à tous les abus : *Le terme d'emprise, comment le distinguer de l'amour ?* avait-il lâché en même temps qu'il perdait toute crédibilité auprès des six femmes qui lui faisaient face.

Il est 21h ce 29 mars 2023 quand la présidente annonce qu'elle n'a pas pu prendre de décision. Une telle affaire serait délibérée en plusieurs heures aux assises, leur jugement ne peut pas être bâclé en trente minutes, explique-t-elle. Le délibéré est repoussé de dix jours. Peut-être ici la seule tentative de normaliser un procès hors-norme.

Chapitre 16
COUP DE THÉÂTRE

Dans la salle d'audience, trois prévenus comparaissent libres. Ils sont accusés d'avoir volé et frappé Mouhamed, utilisant un petit chalumeau pour le brûler.

— Voici comment les faits se présentent, dit le juge Delatour avec son indéfectible sourire, le même qui avait jugé un peu plus tôt le SDF qui parlait russe.

Quand Mouhamed finit ce jour-là son service comme vigile au stade Charléty à Paris, il découvre que son véhicule a été fracturé et qu'on lui a volé son porte-feuille, une sacoche de luxe et ses Airpods. Heureusement, il peut géolocaliser ses Airpods et se rend à l'endroit indiqué, le magasin Leclerc de Colombes. Le jeune homme qui porte la sacoche lui assure qu'il vient de l'acheter aux puces à une centaine de mètres de là. Mouhamed n'y croit pas, attrape la sacoche pour ne pas qu'il s'enfuit et appelle la police. Deux gars arrivent alors et le ruent de coups. L'un d'eux, le plus jeune, sort un briquet-tempête et brûle l'avant-bras de Mouhamed pour qu'il lâche la sacoche. Mais il tient bon, s'accrochant à elle aussi fort qu'il peut jusqu'à ce que les flammes s'approchent de son visage. Mouhamed lâche prise et les trois amis prennent la fuite. Quand les policiers arrivent sur les lieux, ils découvrent Mouhamed, le visage plein de sang, des marques de brûlures sur le bras.

— La victime est conduite à l'hôpital. Les policiers réussiront à identifier les auteurs des faits grâce aux vidéos de télésurveillance du magasin, finit de lire le juge Delatour avec un sourire.

Dreads retenues par un élastique, sweat violet, jogging noir et baskets blanches, la victime est assise face aux trois accusés. Un gabarit impressionnant qui colle tout à fait à son travail de vigile, et qui contraste avec les petits gabarits face à lui. Le juge commence par interroger les accusés. Le premier à se présenter à la barre est grand et fin, une barbe de trois jours, un beau jeune homme.

— Sur la vidéo, ce serait vous Mr Mequali qui portait un chignon ?

— Une queue de cheval, rectifie-t-il. Oui c'est moi mais Monsieur j'ai rien fait. J'ai vu mon ami qui se faisait agresser par un mec que j'connaissais pas, j'suis allé l'aider mais j'ai porté aucun coup. Sauf un peut-être, celui que vous voyez sur la vidéo. Mais je voulais pas d'embrouille, je suis en sursis monsieur, je sais bien qu'il faut que j'me tienne tranquille. Moi j'voulais juste parler.

Avec huit mentions au casier judiciaire, Mr Meqali a déjà fait trois ans de prison auparavant pour trafic de drogue. Il est en sursis pour une autre affaire, et tout le long de l'audience suppliera le juge de ne pas le condamner. Le nœud de l'affaire réside dans le fait que la caméra de surveillance faisait des tours à 360 degrés, de sorte qu'on ne voit la scène que par intermittence. L'interrogatoire cherche à définir ce qu'il s'est passé pendant ces laps de temps et, surtout, qui a porté les coups à Mr Oubir.

Un procès c'est un peu comme la fabrique d'un film. On vous raconte une première version de scénario, puis une seconde version, puis une autre, c'est une sorte d'histoire mouvante qui se crée dans votre tête. À la lecture des procès-verbaux et des témoignages, vous vous faites des images, vous imaginez les scènes. Parfois il y a des ellipses, parfois des personnages qui s'ajoutent puis qui disparaissent, et vous devez décider quel scénario vous semble non pas le meilleur, mais le plus objectif. Les avocats défendent chacun une version, c'est au juge de trancher quelle sera la version finale. Et chacune de ses questions cherchent à trouver la cohérence dans le récit, à pointer les paradoxes entre deux versions, et souvent même à l'intérieur d'une même version. Le mensonge est omniprésent lors d'un procès, tout comme le cinéma est illusion. Lors de cette audience, on répètera la scène de la sacoche au moins une dizaine de fois. Plus ou moins violente selon les versions, avec plus ou moins de spectateurs, plus ou moins d'insultes, chaque personnage jouant un peu différemment selon le script proposé.

— Comment vous envisagez l'avenir ? s'enquiert le juge Delatour comme à chaque fois qu'il finit un interrogatoire.

— Je veux rendre heureux ma famille, et me rendre heureux moi-même. J'ai 26 ans, et j'ai déjà fait quatre ans de prison, quatre ans de gâchés. J'ai toujours dit la vérité ... Je sais pas ce que je fais ici.

— Vous prenez toujours de la drogue ?

— Non, ça fait huit mois que j'ai arrêté.

— Ah, pourtant dans ce que vous avez dit à la psychologue lors de l'étude de personnalité, c'est que vous étiez en train de freiner, et c'était il y a quatre mois ...

— Oui je sais plus vraiment depuis combien de temps, peut-être que ça fait quatre mois alors.

— D'accord, lui dit le juge avec un sourire bienveillant. Vous pouvez vous rasseoir.

Le sourire et la voix douce du juge Delatour brouillent les pistes, impossible de savoir ce qu'il pense. Est-ce vraiment de la gentillesse ou au fond s'amuse-t-il simplement du théâtre qui se joue devant lui ? J'avoue ne plus bien savoir. Arrive à la barre Mr Dalo, celui qui portait la sacoche au moment des faits. Le corps fin, il parle avec agressivité.

— Monsieur cette sacoche je l'ai achetée 80 euros à un mec de la cité. Je savais pas qu'elle était volée moi ! jure-t-il.

— Vous aviez dit 40 euros aux policiers lors de votre interrogatoire.

— Je sais plus exactement combien monsieur, mais je l'ai pas volé moi !

— Donc vous n'aviez aucune idée qu'une sacoche comme ça coûte en réalité 500 euros ?

— Non monsieur.

— Et pourquoi il vous retrouve grâce aux Airpods ? Ils étaient bien dans le sac, sinon comment aurait-il pu vous retrouver ?

— Monsieur, j'ai aucune idée. Moi j'étais juste là avec la sacoche et y a ce monsieur qui fonce sur moi et qui m'agresse en me disant que c'est sa sacoche. J'ai rien compris ! Il a appelé la police et moi je l'ai pas touché. Je suis en sursis monsieur, faut pas que j'ai de problème avec la justice, conclut-il de la même manière que son ami quelques instants auparavant.

Effectivement, on apprendra un peu plus tard qu'il a déjà dix mentions à son casier, des affaires de drogue notamment avec des condamnations allant d'un mois ferme à huit mois avec bracelet électronique. La dernière condamnation porte sur une interpellation dans son véhicule avec un fusil de chasse et de la drogue.

— Vous avez quelque chose à ajouter ? demande le juge Delatour qui n'a plus de question mais toujours un sourire en stock.

— Oui, je voudrais juste dire que je regrette d'avoir acheté cette sacoche.

On aurait pu croire à une blague mais non, Mr Dalo est sérieux.

Tout le long de l'audience, Mouhamed Oubir fixe le juge, ne regardant pas les présumés et faisant tout pour éviter leur regard. Le dernier à comparaitre est aussi le plus jeune avec 21 ans à la barre. Malgré son jeune âge, il a déjà trois mentions à son casier pour vol, recel et trafic de stupéfiant. Le regard sombre et vif, il a les cheveux noirs tirés en arrière, sauvage mais conscient de son image.

— Pourquoi vous avez pris un petit chalumeau ? lui demande le juge.

— J'ai pris ce que j'avais sur moi. Moi je suis arrivé et j'ai vu un mec qui agressait mon pote, direct je vais le défendre. Il le tenait tellement fort c'était impossible de le faire lâcher. Le mec voulait pas le lâcher alors j'ai pris ce que j'avais sur moi pour le libérer.

— Mais Mr Oubir ne voulait pas frapper votre ami, il tenait juste le sac.

— Non Monsieur, il tenait mon ami aussi et c'est pour ça. Il avait une main sur le sac et de l'autre il le tenait par le col. Il était très agressif et criait. Il insultait tout le monde, il menaçait tout le monde. Si j'avais pas aidé mon ami, il serait dans un piteux état monsieur. Même la sécurité de Leclerc il leur faisait peur.

Mouhamed hoche la tête en souriant tellement les réponses sont grotesques. Son avocate, une petite dame d'une soixantaine d'années aux cheveux gris ébouriffés, demande à l'accusé :

— Vous avez eu des blessures ?

— Non, mais j'ai été choqué.

Ahuri par cette nouvelle réponse, Mohamed se met à rire de dépit.

— Vous dites que vous avez pris peur pour votre ami que cet homme agressait, dit-elle en pointant Mouhamed du doigt. Il prenait le sac avec combien de mains ?

— Deux mains.

— Merci, je n'ai pas d'autres questions, dit-elle avec un sourire triomphal.

Le juge sourit à son tour. Échec et mat. Seul l'accusé met un peu de temps à comprendre le piège qu'on venait de lui tendre.

Au tour de Mouhamed de comparaître. Sans casier judiciaire et n'ayant jamais eu affaire avec la justice, la victime parle d'une voix posée, mais on sent le besoin de justice qui bouillonne en lui. Le jeune homme explique qu'il est allé seul au Leclerc car il ne souhaitait pas en découdre mais seulement récupérer son sac. Il n'a pas riposté une seule fois quand il était rué de coups, il a tenu le sac coûte que coûte, prenant les coups pour ne pas le lâcher en attendant la police.

— C'est quand le plus jeune est arrivé et qu'il m'a mis un coup que c'est parti. Là ils se sont tous les trois mis à me tabasser, ça partait de partout. Des coups dans le ventre, au thorax et au visage. Mais moi je tenais le sac. Ils m'ont fait tomber par terre et m'ont écrasé les mains, et c'est là que l'autre a sorti le petit chalumeau. J'ai des cicatrices partout, regardez ! dit-il en retirant son sweat violet.

— C'est bon c'est bon monsieur ! l'interrompt le juge Delatour. J'ai le compte-rendu des médecins.

— Chaque matin quand je prends ma douche je vois ce qu'ils m'ont fait, je vois toutes les cicatrices sur mon bras. Et je vais devoir vivre avec ça toute ma vie. Moi je ne leur ai porté aucun coup ! Je voulais juste récupérer ma sacoche, c'est tout.

Mouhamed attend depuis longtemps ce procès. Tous ces coups qu'il a pris, c'est pour qu'aujourd'hui justice soit rendue et qu'en aucun cas ses agresseurs puissent clamer la légitime défense. La trentaine, des cheveux longs d'une blondeur éclatante, le regard sec, une petite taille rehaussée par des talons noirs, l'avocate de celui qui tenait la sacoche prend alors la parole sans ménagement, décidée à lui rentrer dedans :

— Les policiers indiquent vous avoir rendu les Airpods, pourtant vous dites que vous ne les avez jamais revus.

Tout son être était agressif, comme si elle prenait plaisir à être détestable.

— Ils vous les ont rendus ou pas ?

— Non ils ne me les ont jamais rendus, rétorque Mouhamed que le ton acéré de l'avocate contrarie.

— Donc vous dites que les policiers mentent ? Très bien …

Mouhamed s'énerve et hausse le ton.

— Madame si vous ne me croyez pas vous pouvez regarder par vous-même ! J'ai encore la géolocalisation, ils sont à Colombes en ce moment !

L'avocate jubile, un sourire mauvais se dessine sur son visage. Peu importe la vérité, ce qu'elle voulait c'est qu'il s'énerve.

— Vous perdez facilement votre sang-froid dis-donc … Vous n'êtes pas très fréquentable Mr Ourbi, vous vous énervez facilement. Je n'ai pas d'autres questions Monsieur le Président, dit-elle d'un ton satisfait.

Avec ses cheveux gris ébouriffés, l'avocate de Mouhamed se lance avec éloquence dans un remarquable plaidoyer, efficace et sans fioriture :

— Le premier nous dit : *Je suis une personne qui ne ment pas.* Pourtant, il dit avec aplomb qu'il ne fume plus depuis huit mois alors que dans l'enquête d'il y a quatre mois il dit qu'il *essayait* de freiner, lâche l'avocate. On voit bien là qu'il ment très bien, et qu'il le fait avec aplomb ! On en a un autre qui nous assure qu'il a défendu son ami qui était en train de se faire sauvagement agresser, mais comment peut-on agresser en ayant les deux mains sur le sac ?

Sur le banc des accusés, tous regardent leurs pieds. L'avocate continue, portée par une rage de justice viscérale :

— Vous avez là trois personnes qui essaient de faire croire que ce sont eux les victimes, alors qu'ils ont tabassé ce jeune homme qui ne leur a pas donné un seul coup ! C'est le monde à l'envers ! Ils n'ont aucune marque, rien ! Ils ont juste attendu d'être trois pour porter les coups car avant c'est sûr qu'ils ne faisaient pas le poids.

Le reste de la plaidoirie impressionne jusqu'au Parquet qui reprendra mot pour mot certains passages, requérant la même intransigeance à l'égard des prévenus. La magistrate demande au juge Delatour quatre mois de prison ferme pour chacun assorti de quatre mois en sursis, faisant référence à un article de loi qui stipule que lors de violence en réunion tout le monde porte la même responsabilité.

C'est au tour de l'autre avocate. Arrogante, le regard vif, elle réfléchit quelques secondes avant de se lever. Jamais je n'aurais pu imaginer plaidoirie aussi abjecte. Après avoir pris le temps de marcher lentement jusqu'au centre de la scène, elle regarde le juge Delatour droit dans les yeux :

— J'ai l'impression qu'on nage en plein délire, Monsieur le Président. À coups de raccourcis simplistes, on est en train de faire d'une simple altercation un procès complètement disproportionné. Et je vous le dis franchement, ça me fait peur pour la Justice.

Avec un sens de la dramaturgie bien pesé, elle marque un temps, laissant ses mots résonner dans nos têtes.

— Mr Qctari est légitime à intervenir car Mr Dabo s'est fait agresser, oui il s'est fait agresser ! Imaginez, vous êtes au supermarché et soudain quelqu'un de 110 kilos, un colosse, vous crie dessus, vous menace et essaie de vous arracher votre sac ! C'est une agression ! Et tout à l'heure on a bien vu l'inquiétante faculté à s'énerver de Mr Ourbi, on voit bien que c'est quelqu'un qui ne contrôle pas ses nerfs, alors oui, c'est une agression quand un homme de 110 kilos crie et menace Mr Dabo qui doit à peine faire la moitié de son gabarit, s'insurge-t-elle en pointant le garçon qui doit pas faire 60 kilos tout mouillé.

Mouhamed se tortille sur sa chaise, hors de lui mais essayant de garder son calme tandis qu'on le traite d'agresseur. Dans un coup de théâtre atrocement préparé, l'avocate le pointe du doigt :

— Il est dangereux le monsieur ! Il est dangereux car il ne se contrôle pas ! Je crois qu'il faudrait arrêter de se moquer du monde, les trois-là ils pourraient être de l'autre côté aujourd'hui, lance-t-elle en regardant l'avocate de la défense.

Celle-ci hoche la tête par dépit, dégoûtée par cette femme sans scrupule.

— Et comment le croire quand il nous sort des versions à chaque fois différentes ? Pour la première fois aujourd'hui il nous parle de billets qui trainaient au fond de la sacoche, mais ça monsieur vous n'en n'aviez jamais parlé avant ! Et Madame le Procureur, vous dites qu'il faut juger les trois de la même manière, vous dites qu'*on pinaille*, mais non, on ne *pinaille* pas, on se défend ! Car Mr Dabo est innocent.

Dans une mise en scène toujours bien réfléchie, elle s'avance vers les trois accusés.

— Je pense qu'il faut avoir un peu de bon sens dans cette affaire. Il y en a deux qui se font agresser, ils se retiennent car ils savent qu'ils ont une condamnation en sursis au-dessus d'eux, et un jeune homme de 21 ans - c'est sûr qu'à cet âge on est sûrement moins réfléchi - qui voit son ami se faire agresser par un colosse et qui le défend. Il a lui-même reconnu les coups, dit-elle en accablant le jeune homme. C'est lui qui a frappé et brûlé Mr Ourbi, mon client n'y est pour rien.

Elle marque un nouveau temps d'arrêt.

— Je demande la relaxe pour mon client Mr Dabo.

Je suis encore abasourdi quand le juge Delatour invite l'assemblée à sortir pour les délibérés. Prête à tout pour sauver son client, elle a insulté la victime et fait porter le chapeau au plus jeune des accusés. Jamais je n'aurais pensé qu'on ait pu avoir aussi peu de décence. Poussé par le greffier soudainement propulsé sur le devant de la scène, on sort de la salle. L'avocate aux cheveux ébouriffés grommelle quelque chose à elle-même tandis que Mouhamed a le visage livide. Étant venus comparaitre libres, les accusés comme leur victime sortent par la même porte avec une politesse de circonstance aussi gênante que feinte. Cette soudaine proximité, ils auraient tout fait pour l'éviter, mais ils n'ont pas d'autre choix que d'attendre dans le même hall les conclusions du tribunal. Je me demande s'ils vont se parler. Mais non, finalement les trois acolytes foncent au rez-de-chaussée fumer leur cigarette tandis que Mouhamed reste debout près de l'entrée, seulement accompagné par son meilleur ami qui tout le long des interventions avait écouté les dents serrées.

Quand le verdict tombe, je suis aussi écoeuré que lors du dernier plaidoyer. Le juge exige la relaxe des deux accusés les plus âgés, invoquant un manque d'éléments pour prouver leur culpabilité, et condamne le plus jeune à huit mois de prison avec sursis.

— Vous savez ce que cela veut dire une peine de prison avec sursis ?

— Non.

— Cela signifie que vous n'allez pas en prison, mais que si vous faites une infraction dans les cinq années à venir alors vous devrez purger votre peine de huit mois en prison en plus de la nouvelle peine.

Ils ressortent donc libres du tribunal, accompagnés par leur jeune avocate hilare qui ne cache pas sa victoire, sans plus de considération pour Mouhamed qu'elle n'en avait eu avant. Je sors sonné d'incompréhension et de colère. Comment faire confiance à la justice après ça ? Mouhamed a pris ces coups et ces brûlures car il croyait à la justice, mais celle-ci lui a ri au nez. Pire, elle l'a accusé d'être un homme dangereux pour la société, elle l'a humilié, insulté.

Difficile de ne pas détester ces trois jeunes qui repartent goguenards, bras dessus bras dessous, tandis que la victime sort du tribunal avec plus de haine que quand elle était entrée. La Justice est bien subjective, me dis-je en pensant au juge Delatour. Je suis sincèrement triste pour Mouhamed, car je sais que ce jour-là quelque chose s'est définitivement éteint en lui.

Chapitre 17
MONSIEUR MADAME

Monsieur est dans le box. La quarantaine, petit, costaud, cheveux roux très courts et lunettes, chemise blanche et jean bleu achèvent le portrait de cet homme banal qu'on aurait juré inoffensif. Madame est de l'autre côté, du côté des victimes. Pourtant tous deux sont accusés dans cette affaire de violences conjugales. Cinq jours d'incapacité de travail pour Monsieur, sept pour Madame. La différence c'est que Monsieur a essayé d'étrangler Madame.

— Est-ce que vous pensez que vous avez un problème avec l'alcool ? demande le Président Delatour.

— J'ai peut-être une solution à trouver de ce côté-là, admet l'homme en baissant les yeux.

Lui et sa femme l'affirment, il est violent seulement quand il est sous emprise d'alcool, et deux jours plus tôt il avait bu. Il s'est présenté de lui-même au commissariat après l'altercation, et l'on juge lors de cette comparution immédiate s'il doit être placé en détention provisoire d'ici le procès. Ayant tous deux porté plainte, chacun sera jugé pour les violences infligées à l'autre.

C'est la première fois que je vois un inculpé reconnaître ses torts, sans chercher ni à minimiser ni à porter la faute sur l'autre. Dans le box, il présente même ses excuses, des remords d'une simplicité convaincante :

— Je regrette ardemment le comportement que j'ai eu, bafouille-t-il avant de se rasseoir.

Le juge Delatour lui sourit et le remercie. Je n'arrive pas à savoir si je trouve cette empathie déplacée ou si au contraire elle est pleine d'humanité. Je ne peux m'empêcher de penser que chaque sourire qui lui est adressé minimise la gravité de ce qu'il a fait. Et ce n'est pas la première fois. Ayant déjà été condamné en 2018 pour violences conjugales, il est certain que ses regrets perdent de leur superbe. En tout cas ils ne suffisent pas à convaincre le Parquet qui requiert la détention provisoire.

L'avocat de l'accusé, soixantaine aux cheveux blancs, n'hésite pas à rappeler que la femme aussi a usé de violence et qu'elle vit aux crochets de son mari :

— Celui qui paye le loyer et qui donne de l'argent à Madame, c'est Monsieur. S'il n'a plus de revenu, cela met Madame en danger. Alors que Madame ne travaille pas, cela fait 25 ans que Monsieur travaille dans l'automobile, il a été embauché dans un nouveau garage après sa détention en 2018, son incarcération casserait complètement sa réinsertion, se désole l'avocat.

Le bras dans le plâtre, c'est sans menottes qu'il boite vers la sortie du box pour attendre le délibéré. C'est de cette porte qu'entrent et sortent les accusés. À chaque procès, j'essaie de me pencher un peu plus pour savoir ce qu'il se passe dans ces mystérieuses coulisses, mais les policiers l'ouvrent et la referment aussi vite qu'un secret bien gardé. Madame aussi boite quand elle sort du tribunal pour attendre le délibéré. Jean, basket et piercing dans le nez, elle s'assied à côté de moi dans le hall. Elle est plutôt belle comparé à lui. Pourquoi est-elle restée avec lui après qu'il ait déjà été condamné pour l'avoir frappée ? Son frère l'accompagne en silence, sans doute est-ce la deuxième fois qu'il attend un délibéré à ses côtés. Ils ne parlent pas du procès, de ce qu'a dit le mari, de son témoignage à elle, rien, comme s'ils étaient habitués, comme s'il n'y avait plus rien à dire. Il regarde son téléphone, elle se met de la pommade sur les jambes en poussant des gémissements de douleur qu'elle essaie d'étouffer.

Verdict : libéré sous contrôle judiciaire dans l'attente du procès dans quatre mois, interdiction du domicile, interdiction de contact et obligation de soins. Le Président Delatour lui a annoncé tout ça avec un sourire bienveillant, presque paternel. Comment fait-il pour encore y croire après toutes ces années à condamner les autres, et souvent les mêmes ?

Chapitre 18
UNE VIE EN PRISON

Trois générations de truands. 50, 40 et 20 ans. Derrière chacun d'eux, un policier. Celui debout avec des allures de parrain, c'est *Mouss*, diminutif de *Mousse au chocolat* ou de *Moumousse*, précise-t-il pour ceux qui ne le connaissent pas. Un étrange surnom pour ce détenu qui n'a rien de mignon. Avec ses 18 années de prison pour meurtre, des séances de musculation quotidienne l'ont rendu aussi dur que baraqué, compensant sans doute une petite taille qui n'a pas sa place en détention. Les cheveux rasés, les bras croisés avec affront, il toise de son regard brutal la salle d'audience, prêt à frapper à n'importe quel moment. En 2005, il tua un détenu, avant de molester un autre détenu jusqu'à le rendre infirme. Sorti en avril 2020 après toutes ces années enfermé, Mouss n'a pas le temps de reprendre goût à la liberté puisqu'il se retrouve à nouveau incarcéré en juillet 2020. En une vingtaine d'années, il n'aura connu que trois mois de liberté. Une vie passée derrière les barreaux avec neuf condamnations pour entrée irrégulière sur le territoire, violences, violences sur dépositaire de l'autorité, meurtre, vol et trafic de stupéfiant. Mouss a un enfant de 24 ans qui ne l'a presque jamais vu. La dernière fois, c'était il y a 7 ans.

— Et que faites-vous pour vous occuper en prison ? demande la Présidente.

— Je travaille à la cantine, des choses comme ça.

— Et vous avez des visites ?

— Non, je veux pas trop... Je préfère pas. À peine je laisse mon frère venir.

La question de la juge me surprend, car je n'avais pas encore saisi tout l'enjeu du parloir. Après quelques recherches, je réalise que plusieurs études ont prouvé que l'isolement géographique des prisons était un vrai enjeu car les visites de proches ou de bénévoles réduisaient considérablement la récidive.

Mais en écoutant Mouss se défendre, difficile de croire qu'un quelconque système pénitentiaire aurait pu empêcher le criminel de recommencer tant tout son être semble excité par la violence et la fraude.

Face à ces trois gangsters qui nous regardent de haut, la Présidente parait bien petite, d'autant plus chétive que sa voix est aiguë. Un étonnant rapport de force où, si les conditions avaient été différentes, ils l'auraient écrasée d'un revers de la main. Mais là c'est elle qui a le pouvoir, et ces trois-là ont du mal à cacher leur rage de se faire imposer quoi que ce soit.

Le petit gang est jugé pour un trafic de drogue qui relève presque d'un cas d'école. Travaillant pour Fedex qui offrait la couverture parfaite, ils utilisaient les voitures de la compagnie pour livrer les clients. La police avait caché deux micros dans leurs voitures et des caméras de surveillance montraient à plusieurs reprises les transactions. Malgré les preuves accablantes et sans ambiguïté possible, Mouss s'obstinait à nier jusqu'à l'absurde.

— Que pouvez-vous nous dire sur les conversations où vous êtes présents et où vous parlez de stupéfiants ?

— Je ne comprends pas la question madame, je suis désolé, feint-il.

De sa voix nasillarde, la Présidente s'empare des conversations retranscrites par la police :

— *Je la vends combien Mouss ?*

— *43 000.*

Elle le regarde.

— C'est bien vous Mr Gride qui faites ces négociations ?

— Oui c'est moi, répond Mouss.

— Et bien ? Vous parlez de quoi là ?

— Je sais pas, peut-être d'une voiture. J'en sais rien moi, ça fait deux ans Madame...

Exaspérée, la Présidente soupire et reprend la lecture de la pièce à conviction.

— *T'as vu la caméra juste là-haut ?*

— Mr Gride : *T'inquiète c'est bon elle marche pas.*

— *T'es sûr ? La plaquette Mouss putain, la plaquette ! Détruis-la. Y a mes empreintes dessus.*

La Présidente lève les yeux de sa feuille.

— Comment vous expliquez cela ?

— Je peux pas vous dire, j'ai aucun souvenir de ça. Vous savez j'arrive à peine à me souvenir de ma date de naissance...

— Hmm ..., lâche sans conviction la Présidente, ponctuant de cette moue les interrogatoires tout le long de l'après-midi.

Elle lit une autre retranscription :

— *Hier j'ai pris 1 kil. Là je dois prendre 2 kil 4.*

Elle relève à nouveau la tête vers lui, l'interrogeant du regard.

— Je sais pas madame. Peut-être que je parle de fruits, madame, que je ramène pour la famille. Peut-être qu'il s'agit de pommes ou de poires, je sais pas madame.

— Hmm …

J'admire ses deux acolytes qui parviennent à ne pas exploser de rire. En fait, ils ne rient même pas du tout. Côte-à-côte dans le box en verre, les trois-là ont l'air de parrains qui n'hésitent pas à tuer pour se faire respecter. Je les imagine facilement faire régner leur loi en prison.

Depuis que je suis installé sur le banc des visiteurs, le plus âgé des accusés me fixe de temps à autres avec insistance. Faut dire que je suis l'un des seuls visiteurs présents aujourd'hui, et la salle d'audience n'est pas grande, beaucoup moins grande même que la cour d'assises. Ici il n'y a pas de jurés, et la cour se limite à une dizaine de personnes. Les seuls autres spectateurs doivent être deux jeunes cousins, ainsi que la femme de Mr Radid assise sur un banc devant moi. J'apprendrai plus tard que c'est d'ailleurs Mr Radid qui me fixe d'un œil noir depuis quelques temps, sûrement à cause de ces notes que je prends pendant les débats, ou peut-être pense-t-il que j'appartiens à un gang rival. Son regard est si insistant que je peine à ne pas le regarder à mon tour. Il n'attend pourtant que ça. Quelques mètres seulement nous séparent. Et s'ils étaient acquittés ce soir ? Et s'ils ressortent libres ? J'essaie de me concentrer sur l'interrogatoire, faisant comme je peux abstraction de la peur qui monte imperceptiblement.

— La borne GPS cachée sur votre véhicule personnel montre de nombreux allers-retours à Villiers-le-Bel, c'est là où vous vous approvisionniez ?

— Je ne sais pas de quoi vous parlez madame, j'allais juste voir des amis c'est tout.

— Le 11 janvier 2020, on vous voit mettre un colis dans une Mercedez, puis le délivrer à quelqu'un. C'était quoi ce colis ?

— Madame je sais pas, j'en ai livré tellement, rétorque Mouss.

— Avec votre voiture personnelle ? Et force est de constater que le colis n'était pas un colis Fedex, vous l'aviez caché dans un pull jaune, quelque chose que les enquêteurs décriront comme cubique et marron.

— J'ai aucune idée, Madame.

— Et nous interceptons cette discussion entre vous et Mr Radid quelques instants plus tard :

Mr Radid: *Il a payé combien ?*

Mr Grid : *3,5.*

La présidente le regarde` :

— Alors ? 3,5 c'est quoi ? 3 500 ?

— Je sais pas madame. J'ai pas souvenir. À vous entendre, on dirait que c'est du trafic international. On livrait des colis, on faisait des livraisons c'est tout madame, s'énerve-t-il d'une voix de plus en plus agressive.

— Vous vous calmez Mr Gride ?

— Mais on est toujours sur les mêmes paroles, je sais pas moi, vous me posez toujours les mêmes questions ! Madame j'ai eu la chance de trouver un travail après la prison. Si vous connaissez quelqu'un qui peut donner du travail à quelqu'un comme moi après ma peine, vous m'écrivez l'adresse.

— Vous ne vous adressez pas comme ça au Tribunal ! réplique sèchement la Présidente.

Vous ne vous adressez pas comme ça au Tribunal ! Cette phrase m'interpelle tant elle incarne l'effort de représentation d'une salle d'audience. Chaque individu incarne un pouvoir, et le déroulé du procès le rappelle constamment. Entre eux, ils s'appellent *Monsieur l'Avocat de la défense*, *Madame la Présidente, Madame le Procureur Général, Monsieur le Greffier...* Le tribunal est un théâtre dont les rôles sont rappelés à chaque instant. Est-ce pour préserver un certain anonymat des différents acteurs et éviter des représailles ? Ou pour donner à la pièce qui se joue une forme d'objectivité. Dans cet idéal de justice, ce ne sont pas des individualités qui jugent mais la société.

La Présidente rappelle à la cour que leur fournisseur a été arrêté au mois de février, et qu'aussitôt avoir eu connaissance de l'interpellation, la bande a paniqué. S'emparant d'une autre retranscription, elle lit :

— *Faut tout cacher direct, on peut pas laisser ça là.* Cacher quoi Mr Gride ?

— Je sais pas Madame, c'était y a deux ans.

— Hmm ... Très bien alors je continue. Juste après vous dites, concernant votre téléphone : *Je vais effacer les contacts*. Pourquoi vous faites ça ?

— J'ai aucun souvenir. Après vous pouvez demander à ceux qui me connaissent, je suis maniaque.

— Hmm... et quand vous dites : *Faut qu'on retire toutes les traces dans la voiture. On peut mettre du produit chimique, y aura plus de trace comme ça.*

— Vous savez Madame la Présidente, j'ai toujours aimé nettoyer les voitures, ça me fait plaisir.

Malgré l'arrogance face à elle, la Présidente ne perd pas son calme. Je dois avouer être surpris par la capacité d'improvisation de Mouss, nullement impressionné par le dispositif judiciaire, et qui malgré l'absurdité de ses réponses trouve cependant toujours quelque chose à répliquer instantanément.

— Pourquoi vous devez nettoyer ?

— Bah madame !? Bien sûr qu'y faut nettoyer ! C'est la voiture du taff !Après les livraisons faut nettoyer la voiture c'est tout, c'est comme ça, faut qu'on la rende propre. On livrait des colis madame, y a toujours des trucs qui tombent ou je sais pas. On travaillait nous, m'dame.

— D'accord, c'est pour ça que vous dites après : *Faut plus qu'y ait aucune trace. Vas-y vide la bombe, faut plus qu'y ait d'empreinte.*
C'est de la dissimulation d'empreintes ça, non ?

— Non, je crois pas.

— Hmm...
Elle saisit une autre feuille.

— Injures, outrages... Comment vous expliquez que votre garde à vue se soit aussi mal passée au commissariat de Gennevilliers ?

— C'était pas le commissariat de Gennevilliers madame, c'était la boîte de nuit de Gennevilliers ! fait mine de s'insurger Mouss. Ils ont commencé à faire la fête et à insulter ma mère. Ils ont mis la boule à facettes et ils ont fait des pas de danse.

— C'est pour ça que vous avez dit à un policier : *Tu ferais mieux de rentrer cultiver ta canne à sucre et de retourner dans tes champs de coton, sale nègre ?*

— J'ai jamais dit ça madame.

— Hmm... lance-t-elle comme à chaque fois qu'elle n'y croit pas.

— C'est pas vrai ce qu'y est écrit. En garde à vue ils ont cassé mes lunettes, du coup j'ai signé quelque chose je savais même pas c'était quoi. J'ai fait confiance moi. Ce que vous lisez c'est pas vrai madame, j'ai jamais dit ça.

— Hmm...

Après cette heure d'interrogatoire qui ne servit à rien sinon à confirmer que Mouss refera exactement la même chose quand il sortira à nouveau de prison, la séance fut suspendue. Par crainte que Mr Radid ait discrètement demandé d'un regard à ses cousins assis sur le banc d'à côté de voir ce que je trafiquais, je file rapidement aussitôt la séance levée, sans même connaître encore le nom de celui qui pendant tout ce temps me fixait.

***

Nourdine Radid est gérant d'une société de transport, sous-filiale de Fedex. Dodu, cheveux noirs et gras, il articule mal, si mal qu'on a souvent du mal à comprendre, d'autant qu'il parle encore plus vite qu'il articule mal. Cela fait 20 ans qu'il connait Mouss, ils sont comme des frères, c'est pour ça qu'il lui a proposé un emploi quand il est sorti de prison. Enfin un emploi... disons que Mouss aidait à charger et décharger, officiellement, et Mr Radid lui donnait 500€ en cash par mois en compensation. Mr Radid a toujours nié son implication à un trafic de drogue, mais tout comme elle l'avait demandé à Mouss en introduction de son interrogatoire, Madame la Présidente lui pose la même question :

— Dans votre dernière déposition, vous niez les faits. Votre position sur la situation a-t-elle évolué depuis votre détention provisoire?

— Oui, j'ai pris conscience en détention. J'ai eu le temps de réfléchir sur tout ce que j'ai fait. Il faut que je paye mon délit, dit-il d'un air repenti. Mais je conteste plusieurs choses : tout d'abord les quantités de drogue qui ont été saisies chez moi et le blanchissement.

— Donc vous reconnaissez avoir vendu de la drogue ?

— J'ai un problème Madame la Présidente, j'ai une addiction aux jeux de cartes et je me suis endetté. C'est pour compenser les pertes que j'ai fait du trafic. Eux ils connaissaient mon trafic, dit-il en pointant les autres accusés dans le box. Ils disent qu'ils savaient pas mais bien sûr qu'ils savaient, mais ils faisaient rien. Ils travaillaient c'est tout.

— Donc Mr Gride et Mr Rajaille ne participait pas à votre trafic ?

— Mais madame bien sûr que non ! s'offense-t-il. Mouss venait de sortir de prison après 17 ans, pourquoi il prendrait le risque de retourner en prison ? Ce serait complètement idiot madame !

Mr Radid parle en faisant des silences à chaque fin de phrase pour mettre de l'emphase. Si Mouss avait cette tendance à paraître offusqué à chaque question qu'on lui posait, Mr Radid en fait des tonnes et tourne toujours la réponse comme si la question était absurde. Une telle théâtralité exaspère visiblement la Présidente.

— Les deux-là ils travaillaient pour les livraisons Fedex c'est tout madame. Vous voyez c'est mon ami Mouss, je savais très bien qu'il trouverait pas du boulot sinon en sortant. C'est comme un frère.

— Hmm...

Sous l'injonction de la Présidente, Mr Radid raconte alors son activité de trafiquant de drogue. En moyenne il vendait deux kilos de cannabis par semaine, avec des transactions oscillant entre 500 grammes et un kilo. La plus grosse transaction fut la dernière avant leur arrestation. 2,4 kilos. Jamais de vente au détail, alimentant directement les points de vente des cités du 93, notamment Asnières, Aulnay-sous-Bois et Gennevilliers. Dénoncé par un renseignement anonyme qui le qualifie de *semi-grossiste*, Mr Radid était le cerveau de la bande, et Mouss ainsi que le jeune Mr Rajaille étaient ses hommes de main. L'enquête avait conclu que le chef d'entreprise n'avait jamais affaire à la résine de cannabis directement, tout comme il ne voyait jamais les acheteurs. Celui qui l'a balancé ? Sûrement s'agit-il de son fournisseur incarcéré quelques mois plus tôt qui a donné son nom contre une réduction de peine. Ou un de ses clients.

La Présidente est persuadée qu'il minimise son trafic, surtout que ce n'est pas la première fois. Le prévenu a déjà passé quatre ans en détention pour trafic de stupéfiant. Selon elle, ils cachent de grosses opérations de vente et un revenu dix à vingt fois plus élevé qu'il prétend. Mr Radid plaide coupable, mais il joue au petit trafiquant. La Présidente le soupçonne également d'avoir débuté ce trafic depuis bien plus longtemps, depuis cinq ans au moins alors que lui évoque une durée de quelques mois seulement.

— Vous consommez ?

— Oui, enfin je consommais avant. J'ai arrêté.

— Vous les trouvez comment les clients ?

— Mais madame, toutes les cités de Gennevilliers sont des clients. La drogue elle est partout là-bas.

— Vous vous approvisionnez où ?

— En banlieue, dans le 93 ou le 94.

— Et vous gagniez combien ?

— Ça dépendait madame, c'est en fonction de l'offre et la demande. Par kilo je gagnais 700 euros. Mais voilà moi j'ai jamais fait plus de deux kilos par semaine, ça me suffisait moi.

— Les enquêteurs ont intercepté une conversation où is s'agissait d'un achat de 20 kilos de *filtré*, ce que vous considérez comme, je cite, *la crème du cannabis*. Il n'y avait pas une volonté de montée en puissance ?

— Mais non madame ! s'offense-t-il. Deux kilos par semaine ça me suffisait moi !

— D'accord. Les policiers estiment que vous avez vendu entre novembre et février 80 kilos de cannabis, vous confirmez ?

— Mais non madame. J'ai pas vendu plus de 30 kilos. Et par kilo, je gagnais quoi … 500 euros.

— Très bien, commente la Présidente sans même prendre la peine de lui faire remarquer l'incohérence des montants d'une réponse à l'autre. Et comment vous expliquez les 98 000 euros qui se trouvaient sur votre compte courant ?

— Je peux m'asseoir ? J'ai une hernie et ça me fait mal de rester debout.

La Présidente acquiesce, puis s'ensuit alors une longue explication où il épargne depuis toujours, un salaire à 5000 euros par mois, des horaires de 150 heures par semaine, un travailleur honnête. La question devient plus compliquée quand elle lui demande par quel jeu de hasard les comptes bancaires de sa famille se trouvent subitement crédités de dizaines de milliers d'euros juste après sa première interpellation. Mr Radid baragouine quelque chose, paraissant encore plus offusqué que d'habitude, prenant cet air ahuri à chaque question qu'on lui pose.

— Mr Radid, vous faites exprès de ne pas comprendre et de ne pas répondre. C'est fatiguant, soupire la Présidente.

Mr Radid est le roi de l'embrouille. Quand on lui pose une question délicate, je ne sais pas comment il fait mais il s'arrange pour qu'on oublie la question. Il aurait fait un très bon politicien, maniant la langue de bois parfaitement et avec une conviction difficile à contrer pour les non-avertis.

— Pourquoi ne pas avoir utilisé ces 98 000 euros qui étaient sur votre compte courant pour payer vos dettes de jeu ?

— Mais Madame !? s'étrangle-t-il. Comment voulez-vous que je fasse !?

— La question est simple Mr Radid : Pourquoi ne pas utiliser vos fonds personnels pour payer vos dettes ?

— Mais madame ! Je l'ai décimé mon argent !

Quand la Présidente saisit une nouvelle pièce à conviction où figure la retranscription d'une conversation entre Mr Radid et une amie. Je saisis enfin l'ampleur du trafic dont il est soupçonné.

— Elle vous demande de lui prêter de l'argent pour acheter une maison à 500 000 euros et vous lui répondez : *Y a pas de souci, j'ai du cash.*

Donc vous avez beaucoup plus d'argent que vous le dites, Mr Radid.

— Moi !? Mais non madame ! s'offense-t-il à nouveau avant de continuer dans un marasme de mots si peu articulés que personne ne comprit, mais que personne ne prit pas la peine de lui demander de répéter non plus.

Assise devant moi, la femme de Mr Radid est peut-être la seule à avoir compris car elle reste estomaquée, la bouche entrouverte. Sans doute n'était-elle pas au courant de l'existence de cette femme.

Quand la police a débarqué chez lui pour la perquisition, ils l'ont menotté devant sa femme et ses enfants, et mis à terre.

— Je vous assure madame, je les ai pas menacés !

La Présidente lit alors le procès-verbal :

— Vous avez dit : *Je vais te retrouver, je vais te niquer, je vais niquer ta mère sale fils de pute.*

— Qui a écrit ça madame ?

— Ce n'est pas vous qui posez les questions, c'est le tribunal Mr Radid.

Au moment de cette perquisition, il assure à la police qu'il a arrêté la drogue. Ceux-ci retrouvent cependant cinq plaquettes de cannabis cachées dans la cave. L'explication de Mr Radid ne manque pas d'imagination : Un vol a eu lieu dans sa cave plusieurs mois auparavant et depuis la porte de la cave était restée fracturée, laissant le loisir à n'importe quel individu de se servir de sa cave pour cacher de la drogue. Il y a même une pré-plainte en ligne qu'il avait effectuée, pré-plainte imprimée et brandie fièrement par son avocat. Certes, il n'est jamais allé au commissariat pour signer la plainte et personne ne peut donc témoigner s'il y a bien eu vol ou non dans cette cave. Mais je dois reconnaître que l'idée est inventive.

Après avoir fini cet interrogatoire où Mr Radid semblait avoir tout donné, la Présidente lui demande s'il a quelque chose à ajouter. D'habitude si sanguin, le voilà qui baisse gravement la tête pour son monologue final. La détention lui a permis de réfléchir à ce qu'il a fait, il a réalisé, et il regrette, il regrette tellement … il y a ses enfants … puis il éclate soudain en sanglots :

— Mon père... mon père..., répète-t-il en pleurant.

Sa femme assise dans le public se met également à pleurer.

— Bon, coupe froidement la Présidente, plus de questions pour Mr Radid ? demande-t-elle en jetant un regard à la cour.

Jusqu'à la fin de la séance, Mme Radid continuera à pleurer en silence. Avec son mouchoir blanc, toute de noir vêtue, elle était une épouse en deuil aujourd'hui. Une journée franchement éprouvante pour cette femme qui apprendra quelques instants plus tard devant toute la cour que son mari versait chaque mois 4 500 euros à cette autre femme. Levant la tête vers son mari, il essaye de lui expliquer en bougeant juste les lèvres mais la justice ne leur accordera pas ce moment d'intimité dont ils auraient eu besoin.

Mr Radid avait mis en place un système intelligent, obligeant sa vingtaine d'employés à se mettre au chômage partiel et les rémunérant en vérité en cash, lui permettant d'écouler ses espèces gagnées par le trafic. Grâce à ce système, la société faisait moins de dépenses, bénéficiait des aides de l'état dues au chômage partiel, et pouvait donc mieux rémunérer son dirigeant Mr Radid. Sa femme n'était pas en reste puisque Pôle Emploi lui versait 2000 euros par mois d'allocations depuis qu'elle ne travaillait plus, même si les enquêteurs ont découvert à travers à son compte en banque qu'elle dépensait 4000 euros par mois et qu'aucune de ces dépenses ne concernait la vie courante. Ainsi loyer, alimentation et vêtements étaient toujours payés en espèces.

La nuit est tombée sur la chambre correctionnelle sans fenêtre, et je devine l'obscurité dehors. La Présidente en a assez entendu. De sa voix aiguë, elle s'enquiert auprès de la Procureure générale du temps nécessaire à la préparation de son plaidoyer.

— Ça va être long... 45 minutes, une heure ? Car il y a des éléments dont je viens juste de prendre connaissance, lui répond Madame le Procureur général dont le jeune âge me surprend.

— Pas de problème, prenez le temps nécessaire. Je pense que c'est bien de finir aujourd'hui.

— Mais il est déjà 17h30 Madame la Présidente, il est déjà tard, non ? tente la jeune procureure.

Avec un sourire bienveillant mais ferme, la Présidente dont l'âge et la fonction font autorité balaie d'un coup de mots toute résistance :

— Je préférerais qu'on finisse ce soir. Vous savez, depuis le covid j'ai toujours peur que d'ici demain il y ait des malades et qu'on doive encore et encore reporter. Non, c'est mieux qu'on en finisse là. Les conseillers à la défense, qu'en pensez-vous ?

Les conseillers à la défense des accusés étaient relativement invisibles depuis le début de la journée. Deux jeunes avocats en début de carrière, sûrement commis d'office. Ils prenaient des notes, beaucoup de notes, ayant l'air toujours très occupés, mais n'étant intervenus qu'une seule fois pour relativiser les montants des cadeaux en nature que Mr Radid avaient fait à sa femme. Les deux conseillers savent bien qu'il est préférable de ne pas s'opposer à la Présidente, au risque d'alourdir encore la peine.

— Nous ne nous prononçons pas, c'est comme vous voulez, répond le plus âgé des deux, au grand dam de Madame le Procureur général qui espérait un peu de soutien.

— Bon et bien on se dit 18h30, Madame la Procureure générale ?

La jeune femme n'a d'autre choix que d'acquiescer à contre-coeur.

Même si elle n'eut que 40 minutes pour plancher sur la vie de ces trois hommes, le plaidoyer de Madame la Procureure générale fut impressionnant de précision et de synthèse. Il dura une heure trente, pendant lesquels elle énuméra les différents chefs d'accusation et étaya ses arguments avec une fluidité déconcertante. Quand Mr Radid voulut à un moment rétorquer un des points qu'elle avançait, la Présidente l'en empêcha immédiatement :

— STOOOOP, asséna-t-elle. Laissez Madame la Procureure générale parler.

Après le long argumentaire vint le moment des réquisitions. Elle demanda six ans d'emprisonnement pour

Mr Radid et 30 000 euros d'amende, et fit devant nous un rapide calcul, calculette à la main :

— Je me suis basée sur une fourchette basse. Pendant la période de novembre à février où Mr Radid a admis faire du trafic, du moins celui qui est prouvé ici, il a dit vendre deux kilos en moyenne par semaine, pour un montant minimal de 4 300 euros le kilo. Il gagnait donc au plus bas 8 600 par semaine, multiplié par 4 cela fait 34 400 par mois, soit pendant toute la période 137 600 euros. Je suggère donc de retirer 137 000 euros du patrimoine de Mr Radid.

Sa femme se remit à pleurer silencieusement, assise sur le banc devant moi.

Pour Mouss, Madame la Procureure requit quatre ans d'emprisonnement.

— Sur les 18 années de prison que Mr Gride a faites, il n'a jamais fait aucun effort. On peut lire dans son dossier qu'il n'a eu aucun aménagement de peine pour bon comportement, bien au contraire. Je demanderai donc que ce soit quatre années incompressibles.

À ces quatre années s'ajoutent 5 000 euros d'amende, et une interdiction du territoire français.

— Mr Gride n'a rien à faire avec la justice française, conclut-elle.

La prison, c'est être condamné à l'inertie, à l'inaction. Les détenus ont droit à 2 heures de promenade par jour, et restent donc pour la grande majorité 22 heures sur 24 en cellule. Mouss aura passé 22 années en prison, alors qu'il n'a que 40 ans environ. Depuis sa majorité, il a donc passé sa vie incarcéré, soit plus de vingt ans dans une cellule de 11 mètres carrés. Il ne connait que ça. Sans formation ni diplôme, en prison il est quelqu'un, sans doute le caïd qui impose le respect par la force, d'autant que son incarcération pour meurtre doit en impressionner plus d'un. Dans la vie civile, il est un paria que les gens méprisent. Comment quelqu'un qui auparavant régnait en prison peut-il se retrouver à faire des métiers de subalterne ? La seule issue pour Mouss est de retourner dans un microsystème social qu'il connait et qui l'admire, entre quatre murs où la violence le rend puissant. Il n'aura été libre que quatre mois, mais libre de quoi ? Que faire de cette liberté si l'on ne vaut plus rien ?

Quelle ironie tout de même de voir un homme aussi rebelle se retrouver dans une position aussi soumise. Il ne peut pas se balader, se doucher, aller aux toilettes, il ne peut rien faire sans autorisation. Sa rébellion l'a contraint à la plus grande des soumissions. Il croit être un homme d'honneur qui ne se courbe jamais, mais il est un masochiste qui ne peut plus vivre sans son maître. Il ne trouve de sens que dans la contrainte physique, la domination et les humiliations qui lui sont infligées par l'administration pénitentiaire. Il a besoin d'une emprise pour exister, d'une domination contre laquelle s'ériger. La prison l'a porté tout en haut, il a désormais besoin d'elle pour ne pas tomber.

Madame le Procureur s'adresse alors Mr Rajiane, le dernier des trois prévenus, aussi surnommé *Petit Pote*. En raison de son jeune âge et en l'absence de casier judiciaire, elle requiert seulement trois ans de prison, aménageable au bout d'un an et demi. Avec les 16 mois de détention provisoire déjà effectués, il sortira dans deux mois s'il fait preuve de bon comportement. Parmi les trois accusés, il est le seul à encore pouvoir éviter de se faire écraser par la prison, la justice lui laisse une chance de ne pas devenir dépendant.

Chapitre 19
LES MULES

Le tribunal de Créteil ne ressemble à rien de ce que j'avais vu jusqu'alors. Avec sa tour de béton massif de trente étages en forme de trapèze, il ressemble à Gotham City. L'entrée se fait par un chemin de béton traversant un bassin, brusquement étouffé par de grands piliers gris et épais, vous faisant sentir tout petit face aux immenses mains de la Justice. Grandiose et hors du temps, une sorte de no man's land d'inspiration soviétique et futuriste. Car tout autour du palais de justice poussent des tours rondes aux balcons qui sortent comme les feuilles d'une tige de béton. On dirait que les HLM bourgeonnent. Ce n'est pas beau, ce n'est pas moche non plus. Une ambiance surréaliste qu'un temps gris et triste plombe de toute fantaisie.

— Je dois laisser mon manteau ? demande une dame à l'agent de sécurité qui supervise l'opération d'effeuillage.

— C'est comme vous voulez, peut-être que ça va sonner, peut-être pas, répond l'agent avec cette petite pointe de Schrödinger dans la voix. Il faut prendre le risque, faut toujours prendre le risque dans la vie, non ?

Cette phrase sonne étrange dans un palais de justice, surtout quand on vient seulement d'y poser le pied. Malgré le grand sourire que lui adresse l'agent de sécurité, la dame ne prendra pas le risque, donnera son manteau à manger au tapis roulant, et ne sonnera pas en passant le portique de sécurité.

Alors que les autres tribunaux cherchent le silence et l'intimité, ici tout est fait pour la rencontre. Dans ce grand hall unique ouvert sur plusieurs étages de salles d'audiences, un brouhaha discret nous accueille dès notre arrivée. Accusés, témoins, parties civiles, avocats, journalistes, magistrats et policiers attendent en se toisant du regard, cherchant d'un simple regard à savoir si l'on se situe du côté du crime ou de la justice. Le tribunal de Créteil a ceci de particulier qu'il englobe l'agglomération d'Orly et son fond de commerce repose donc en partie sur le transport de drogue. Dans la 10e chambre correctionnelle aux allures de grottes se succèdent ainsi trois femmes aux histoires à peu près similaires, arrêtées alors qu'elles s'apprêtaient à prendre l'avion pour Cayenne en Guyane.

L'affaire n°3 ne parle que créole, nécessitant une interprète élégamment habillée en vert pomme et auréolée d'une fausse fleur qui lui donne une allure de bouquet vivant. Dans le box des accusés, la mule est grise, sans âge, petite et en boule. Tassée sur elle-même, le cou enfoncé dans les épaules de manière qu'elle n'ait plus de cou, jamais on aurait pu croire que cette boule de timidité et de pauvreté ait pu avaler 2,2 kilos de cocaïne.

Tout le long de son procès, elle gardera un mouchoir blanc à la main qu'elle tient fort et avec lequel, de temps à autres, elle s'essuie les yeux. Sa voix est à peine audible quand elle s'adresse à l'interprète, qui fait autant office de traducteur que de haut-parleur. Voilà cinq mois qu'elle est en détention provisoire sans savoir ce qu'il va advenir d'elle. Cinq mois qu'elle n'a pas revu sa famille. Elle s'essuie les yeux. Tout le monde dans la salle est sidéré qu'elle ait avalé 2,2 kilos de cocaïne, un record seulement égalé en juin de cette année en France. Au vu de la quantité transportée, la condamnation est portée à deux ans d'emprisonnement et 22 000 € d'amende.

À l'annonce de son verdict, la mule est sonnée mais on l'invite à sortir aussitôt du box car d'autres affaires doivent être jugées. On n'a pas le temps de s'attarder. Une fois la condamnation prononcée, les juges ne sont plus intéressés par ce que les prévenus ont à dire, comme si leur nouveau statut de condamné leur enlevait tout intérêt, alors que quelques instants auparavant on fouinait leur vie sans pudeur. Cette dame que la misère a poussé à faire de mauvais choix attend ce délibéré depuis cinq mois et, en à peine une minute, on la fait entrer, on lui lit le délibéré - encore un an et demi à passer en prison - et on la fait sortir. Elle me fait de la peine, tellement choquée qu'elle n'arrive plus à trouver ses mots pour parler aux juges qui ne la regardent même plus, déjà passés à la prochaine affaire.

Affaire n°8. À 20 ans, Mme Bange a de beaux cheveux noirs en afro, bouclés et abondants, elle aussi ne parle que créole avec une petite voix pas bien plus grande que l'accusée qui l'avait précédée. Mais elle, elle comparait libre. À la barre, elle explique comment quarante ovules de cocaïne avalées lui ont rapporté 3500 euros. En moyenne, les policiers interpellent 1 à 4 mules par vol en direction de Cayenne, une vraie épidémie. Cette fois-là, Mme Bange n'est pas passée au contrôle d'identité, la photo du passeport ne correspondant pas à ce que le policier voyait devant lui. Jocelyne, de son faux nom, a un enfant de quatre ans et vit dans la pauvreté au Surimane d'où elle est originaire.

Parce qu'elle a divulgué le nom de celui qui lui a donné la drogue, elle n'est pas poursuivie aujourd'hui pour détention et transport de drogue mais pour le faux passeport. Douze mois avec sursis et 1500 euros d'amende. En sortant de la salle d'audience, elle rejoint son copain qui l'attendait dehors, l'embrasse, ravie, ravie de pouvoir rester en France. Grâce à ce faux passeport fourni par un trafiquant de drogue, elle a pu rejoindre la France ; c'est la plus belle des victoires pour elle.

Affaire n°5. Rachel n'a pas d'avocat. Âgée de 24 ans, elle en paraît 15. J'étais même étonné de la voir s'avancer à la barre quand on appela son nom. Coiffée de longues tresses qui lui arrivent jusqu'en bas du dos, la voix très douce, habillée d'un sweat et d'un jogging rose pâle, elle se présente avec une candeur au teint guimauve qui d'emblée irrite la présidente. Elle aussi partait pour Cayenne. Cette fois c'est le chien anti-stupéfiant qui a découvert la drogue dans ses bagages.

Si elle a accepté de prendre ce demi-kilo de cannabis, c'est parce qu'elle devait payer son billet de retour. Le père de son fils lui avait dit de le rejoindre en métropole, mais arrivée en France elle réalise qu'il est en couple. Elle n'a rien, ni argent ni travail, alors elle n'a pas le choix. La présidente Floriane Duval s'exaspère :

— Je suis fatiguée d'entendre ça … On a tous les jours des gens qui nous disent ici qu'ils transportent de la drogue parce qu'ils ont des problèmes d'argent ... Mais Mademoiselle, tous ceux qui ont des problèmes d'argent ne plongent pas dans le trafic de drogue ! VOUS, la pointe-t-elle du doigt, VOUS avez choisi l'argent facile !

Rachel la regarde de son air angélique, accrochée à son rôle de simple figurante de cette énième affaire de trafic de drogue.

— J'ai pas l'impression que vous trouviez que c'est vraiment grave ce que vous avez fait, s'énerve la présidente.

La naïveté du visage de Rachel finit par se briser.

— Si j'ai compris ..., dit-elle en ne parvenant pas à retenir ses larmes, à cause de ça un de mes enfants est placé en Guyane.

Sa voix s'étouffe. La présidente, enfin, respire. Jusqu'à la fin de l'audience, mue par la peur de ne plus revoir ses enfants à cause de la détention, Rachel perdit son insouciance. L'innocence n'avait pas sa place dans ce tribunal.

Chapitre 20
L'IMPOSSIBLE ÉVASION

Il sait qu'il n'ira jamais en prison. Déjà les médecins ont longtemps débattu pour finalement l'autoriser à se présenter à l'audience, car depuis le rejet de la greffe de ces deux poumons l'année dernière il enchaîne les hospitalisations. Dans un tribunal, les accusés sont à nu, il n'y a plus aucun secret, ni médical ni sur leur intimité. Ils doivent se livrer entièrement aux magistrats qui les jugent et au public d'inconnus qui, eux aussi, les jugent à leur façon. En plus de la greffe, Karim a aussi un diabète et la mucoviscidose, maladie mortelle incurable. La peau sur les os, ne dépassant pas les 1,50 mètres, le jeune homme de 27 ans a une espérance de vie qui ne dépassera probablement pas les quarante ou cinquante ans.

Alors quand les juges l'accusent d'être un petit vendeur de shit qui cache sa balance dans son bac à chaussettes, on relativise. Karim, malgré les maladies qui ravagent son corps, a un beau visage, les traits doux, symétriques et toujours tristes.

— Ça va ? demande la présidente qui voit qu'il commence à chanceler à la barre.

— Oui oui …

— Vous voulez une chaise ?

— Je veux bien.

Son avocate lui tend une chaise. Assis face à la barre maintenant haute pour lui, il semble encore plus petit avec le micro tendu qui arrive bien au-dessus de lui. La scène pourrait être comique si elle n'était pas tragique. À cause de ses hospitalisations à répétition, Karim a arrêté sa scolarisation en classe de seconde. Heureusement, il vit avec des aides de l'état qui lui donnent 900 euros par mois et qu'il retire aussitôt à un guichet.

— Mais pourquoi vous faites ça ? demande la présidente.

— Quand vous êtes hospitalisé, ils vous soutirent de l'argent qu'ils remboursent après mais on sait jamais quand. Si j'ai pas d'argent sur mon compte ils peuvent rien prendre.

— Mais …

La présidente ne finit pas sa phrase, surprise par ces réflexes qu'acquièrent ceux qui vivent dans la pauvreté et qu'il est difficile de comprendre pour ceux qui ne la vivent pas. Karim parle d'une voix calme, il paraît beaucoup moins stressé que son avocate sur le sort qui lui sera réservé.

— Vous recevez le 17 mars 2020 ce message vocal : *Pti'con, ça t'intéresse de t'occuper d'un terrain ou pas ? Tu vas te faire plein d'argent !*

Qu'est-ce que ça vous évoque ?

— Je sais pas, c'est peut-être en rapport avec l'immobilier …

— L'immobilier ? D'accord. Vous avez des compétences particulières dans l'immobilier ?

— Non, pas particulièrement. Vous savez ça fait deux ans, je me souviens plus bien. Et puis je prête souvent mon téléphone …

La présidente le regarde en se demandant sûrement le nombre de fois qu'on lui a sorti cette excuse dans sa carrière.

— Vous avez déjà été condamné, Monsieur ?

— Peut-être … Je sais plus trop.

— Vous savez pas si vous êtes déjà passé devant un tribunal ?

— Je sais pas.

— Vous savez pas …, soupire-t-elle en prenant une pile de feuilles devant elle, mais vous êtes déjà passé huit fois devant un tribunal. C'est inquiétant que vous vous souveniez pas. Ça ne vous a pas marqué ?

Il hoche la tête en signe que non.

— Vous consommez ?

— Non, avec la greffe si je fume c'est tout de suite le rejet. À l'époque je fumais du shit, ça avait déjà été dur à cause de ça de trouver un hôpital qui accepte de me faire la greffe. J'ai dû tout arrêter. Ça vous pouvez être sûr, je fume plus.

Karim est condamné à six mois d'emprisonnement avec bracelet électronique. Ce dealer atypique devra rester chez lui, chez ses parents. Sa mère, malgré toute la souffrance qu'elle a dû endurer et qu'elle endure encore au rythme des aléas médicaux, respire à nouveau dans la salle d'audience. Elle aime tellement son fils, ça se voit. Contre la justice, la police ou la maladie, quoi qu'il arrive elle sera là. Elle en surpoids, lui amaigri, la mère et le fils font un étrange duo, comme si vous aviez mis un homme anorexique à côté d'une femme obèse. À l'annonce du verdict, le visage de cette mère aimante s'illumine, mais lui reste impassible. Voilà longtemps qu'il a été condamné à la mélancolie à vie.

Chapitre 21

MONOLOGUES POUR BRAS CASSÉS

— Mesdames et messieurs, veuillez vous lever.

Je me lève.

— Mesdames et messieurs, la cour.

La présidente, suivi de ses assesseurs et des jurés entrent dans la cour d'assise selon un ordre bien établi et bien respecté. Je me rassois.

— Veuillez rester levés.

Je me relève. La présidente et sa cour s'assoient à leur tour.

— Mesdames et messieurs, vous pouvez vous asseoir.

Je me rassois. Tout le monde m'imite, dont ce greffier pas très commode qui se met derrière son bureau juste en face de moi. Les greffiers sont un peu les intrus du grand cirque juridique. De loin, ils ressemblent en tout point aux autres magistrats avec leur grande robe noire, mais de près on découvre leurs baskets qui dépassent, un jean un peu arraché, tous ces petits détails qui enlèvent de la noblesse à la robe. Pendant les procès, ils sont toujours occupés avec des bouts de papier empilés qu'ils bougent de pile, des bouts de papier à tamponner, des bouts de papier à couper en plus petits bouts de papier. Ce sont les seuls, pendant un procès, à pouvoir aller où ils veulent sans se faire réprimander puisque ce sont eux qui réprimandent. Ils viennent te dire de sortir tout de suite ton café d'ici, c'est pas autorisé ; ils réveillent ceux qui s'endorment sur les bancs ; ils t'expulsent de la salle à peine l'audience suspendue ; ils guettent le moindre téléphone, le moindre bout d'ordinateur, avant de replonger dans leurs bouts de papier.

En plus d'être ronde, l'imposante cour d'assises du Palais de justice du Val de Marne épouse les formes généreuses de ses bancs en bois, soigneusement courbés en arcs de cercle parallèles. Comme d'habitude dans ces lieux où la voix est reine, une moquette sombre tapisse la salle pour étouffer le bruit des pas et laisser toute la lumière à la parole. Une dizaine de mètres sous plafond font pendre des gouttes de lumière qui, par dizaine, éclairent au centre de la pièce la personne à la barre. En l'occurrence, l'avocate du premier accusé. Ils sont trois en tout dans le box aujourd'hui pour le braquage armé d'une bijouterie à Vitry-sur-Seine qui s'est finie en course-poursuite digne d'un film et qui, elle-même, s'est finie par un tonneau à 180 km/h dans lequel tous, miraculeusement, s'en sont sortis. Ils sont parvenus à prendre la fuite, mais ont laissé derrière eux leur butin estimé à 230 000 euros.

— On ne te fera rien si tu nous laisses prendre la marchandise. Si tu bouges, on te tue ! avait dit l'un des braqueurs ce 25 juillet 2019 à la gérante de la bijouterie.

Voilà donc trois ans qu'ils sont en prison dans l'attente de leur procès. La police ne les aime pas, faut dire qu'ils ont braqué l'un des leurs avec une mitraillette de la seconde guerre mondiale, obligeant le policier à sauter de sa voiture encore en marche. Depuis une semaine ces trois grands gars aux crânes chauves qui risquent la perpétuité sont dans le box en verre des accusés, et aujourd'hui ont lieu les plaidoiries.

La première à se lancer sur scène est une jeune avocate aux cheveux noirs, talons et pantalon vintage à carreaux.

Face aux treize années de détention que requièrent la Procureure générale, l'avocate débute son monologue avec toute la solennité dont elle était capable :

— C'est la première fois que je défends devant une cour d'assise, comme c'est la première fois que vous les jurés devraient juger une peine.

Devant l'évidente culpabilité de son client, son seul axe était peu ou prou : pour qui vous prenez-vous pour juger l'un de vos semblables ? Elle tentait sournoisement de les convaincre de leur incompétence, et de l'impossible mission qui était la leur. Et dans une telle situation, il valait mieux faire le moins de dégâts possibles.

— Surtout que ceux-là ne sont pas des lumières, ce ne sont pas des braqueurs professionnels, un inspecteur de la BRI les décrit même comme des *bras cassés*. Leur seule bonne idée était de ne pas charger les armes qu'ils avaient prises avec eux pour être sûrs de ne tirer sur personne.

Trois bras-cassés qui n'ont pas eu des vies faciles, et elle achève sa tirade en citant Georges Bernanos : *Qui cherche la vérité d'un homme doit s'emparer de sa douleur*.

Au tour du second avocat. Avant même de prononcer un mot, Maître Dubard prépare le décorum et abaisse les micros du pupitre d'un geste de la main. Lui, il n'a pas besoin de ça. Il marche dans l'arène sans dire un mot, allant du banc des avocats au pupitre puis du pupitre au banc des avocats, attendant patiemment le moment parfait, quand le silence ne sert plus comme transition mais comme tremplin. Il doit avoir quarante-cinq ans, les cheveux légèrement gris poivrés, la barbe de trois jours, le regard plein d'emphase et de gravité ampoulée. Ça y est, il se lance :

— Madame la Présidente, Mesdames et Messieurs les Jurés, je vais vous dire une chose. Contrairement à ma collègue, ce n'est pas la première fois que je plaide aux assises. Mes premières assises, c'était il y a 23 ans. 23 ans que je fais ce merveilleux métier qui m'a amené à avoir l'honneur d'assister à plus de 150 procès. Je suis convaincu que défendre est une vocation, mais c'est avant tout une grande marque d'humilité, d'humanité.

Jamais je n'avais encore vu d'avocat aussi théâtral. Maître Dubard joue de sa voix comme d'un instrument, choisissant le volume avec soin, la faisant trembler quand elle s'emporte, mielleuse quand il est dans la confidence. Le ténor donne de l'intonation à chaque mot, brassant l'air dans tous les sens pour donner peut-être du sens à ce qu'il brasse. Car aussitôt sa plaidoirie finie, Maître Dubard s'en ira, laissant le reste du procès aux autres, il avait sûrement mieux à faire. Il est là pour briller, pas pour gagner. Et ce qu'il dit, il pourrait le dire pour chaque procès, je ne sais même pas s'il a suivi les débats tant sa plaidoirie est générique mais, sans doute, l'universalisme plat fait-il toujours son petit effet.

— Vous savez, je pense qu'on est le fruit de notre histoire. Dans le box des accusés, c'est pas des fils de médecin, d'avocat ou d'ingénieurs qu'on trouve. Non, c'est des gens qui vivent dans des cités, des gens dont les parents galèrent, des gens pauvres qui n'ont pas de modèle de réussite. Si je fais ce métier avec passion, si je retourne après 150 procès avec la même envie de me battre, c'est parce qu'à chaque fois qu'un homme trébuchera, je serai là pour l'aider à se relever.

Si la scène était filmée, on aurait crié au mauvais acteur qui boursouffle chaque phrase, on aurait ri de cette tragédie de boulevard. Mais là, dans cet antre aux habitudes si austères, personne n'ose même sourire à ce monologue aussi emphatique que grandiloquent. Non, personne ne bronche, tout le monde l'écoute avec attention faire l'éloge de son CV :

— Vous savez, j'en ai vu des choses. Je peux vous dire que ce dont ils sont accusés ne mérite pas 13 ans en prison. Oui ils ont fait un braquage, mais leurs armes n'étaient même pas chargées ! Alors oui Madame a eu peur quand on l'a braqué dans sa bijouterie, mais 13 années c'est cher comme prix pour la peur. Le prix de la peur, ce n'est pas le prix du sang. Vous savez, j'ai défendu beaucoup de meurtriers, j'ai défendu une mère qui a mis son enfant dans une machine à laver, j'étais au procès du Bataclan aussi, alors un braquage, c'est très grave, mais qu'est-ce que c'est à côté de policiers qui arrivent dans une salle avec 150 corps qui s'entassent ? 13 ans … 13 ans …, s'indigne-t-il. La prison, Mesdames et Messieurs les jurés, ce n'est pas un centre de vacances !

Les trémolos dans la voix s'effacent pour emprunter les ruelles plus tamisées du secret au coin du feu. Tantôt moralisateur, tantôt amical, l'avocat joue de tous les artifices de la manipulation. Il faut les émouvoir ces petits jurés, Maitre Dubard mise tout sur ça. Inutile de s'encombrer des détails de l'affaire que ne retiennent sûrement pas les jurés qui, comme chaque être humain, est plus prompt à écouter son cœur que sa raison. L'avocat ne fait même pas semblant de convaincre par la logique, il se rue sur l'émotion et sur son édifiante expérience qui fait autorité.

— Vous savez, en prison on vit à trois dans neuf mètres carrés en France. Juste pour comparaison, en Belgique il y a une loi qui dit qu'on n'a pas le droit de mettre un chien dans une cage de moins de quatre mètres carrés. En Belgique, on traite mieux les chiens que les détenus en France. La Cour Européenne des Droits de l'Homme a condamné à plusieurs reprises la France pour les conditions de vie inhumaines et dégradantes des prisons. Une des raisons c'est que les toilettes se trouvent à moins d'un mètre de là où ils se font à manger. Un mètre, voyez, ça fait ça, montre-t-il en écartant les bras. Oui parce qu'en prison la plupart du temps vous n'avez pas de murs pour aller aux toilettes. Demander 13 ans, c'est une folie, une véritable folie !

Maître Dubard dit vrai. L'État a été condamné en 2020 par la Cour européenne des droits de l'Homme pour les conditions indignes de ses prisons. Outre l'insalubrité des cellules, les toilettes sont souvent seulement isolées dans la pièce par une modeste cloison haute d'à peine un mètre afin que le détenu puisse être vu, à tout moment, par le personnel de surveillance à travers l'œilleton. 60% des détenus sont en cellule collective, ainsi obligés de faire leurs besoins devant les autres, ne disposant d'aucune intimité. Une humiliation permanente qui crée du ressentiment envers une société qui les traite comme des animaux. Comment un individu peut-il se réinsérer si l'état lui prend sa dignité ?

Son client est le seul à avoir finalement avoué participer aux faits, et Maître Dubard ne cache pas sa satisfaction à l'avoir convaincu d'avouer.

— Lors des interrogatoires avec la police il avait toujours nié. Ça faisait trois ans qu'il niait tout. Pour la première fois lors de ce procès il a parlé ! J'ai travaillé pendant des semaines pour qu'il avoue et là je suis dépité

… dépité car je lui ai garanti que dire la vérité allait changer quelque chose.

L'avocat finit sa plaidoirie en nous racontant l'histoire de Jean Valjean, cette histoire du *droit à devenir meilleur.* Puis il remercie la cour et s'en va. Je me demande combien de fois il a dû clamer cette parabole à des jurés. Maître Dubard, qu'on l'aime ou pas, est un conteur hors pairs.

Le troisième avocat à entrer dans l'arène a le physique du bibliothécaire qui sourit rarement. La soixantaine, petit, les cheveux clairs et clairsemés sur un crâne qui se dégarnit à toute allure, des rides jusqu'au bout des lèvres. Il commence par remercier son collègue pour cette admirable plaidoirie, puis cite Camus :

— *La vie est la somme de tous nos choix.* Et ceux-là ont fait les mauvais, c'est incontestable, et eux-mêmes ne le contestent pas. Mon client, ce n'est pas le Fabrice Luchini des accusés, il n'est pas très loquace. Ses explications n'apportent pas grand-chose, son témoignage est un mélange de pudeur, de déni, on ne sait pas vraiment. Quand il a pris la parole, bon on va être honnête, ça a été un gâchis. Il ne dit pas ce qu'il ressent, ce qu'il a fait …

Cet avocat parle avec la même gouaille qu'un pilier de bar, une bière à la main, un avis sur tout, qu'on aime écouter car il glisse volontiers dans son discours quelques traits d'esprit et d'humour cinglant.

— On ne va pas parler de déterminisme social mais ce n'est pas un fils d'archevêque hein ! Mon client a déjà passé huit années de sa vie en prison, il ne la supporte plus. Il a fait trois tentatives de suicide, par le feu en brûlant sa paillasse, par pendaison et par médicament. La mère de ses enfants, à tort ou à raison, ne veut plus qu'il les voit. Ça fait trois ans qu'il ne voit plus ses quatre enfants.

Il regarde son client dans le box des accusés.

— Je ne veux pas être méchant avec mon client, mais je ne pense pas qu'il soit le cerveau de ce braquage.

Instinctivement, tout le monde tourne son regard vers l'accusé en question, accusé de braquage avec mitraillette et grenade mais également accusé de bêtise.

Le quatrième avocat finit la ronde. Assurément le plus malin, son style se démarque sans artifice ni théâtralité, sans tentative de manipulation mais par simple honnêteté intellectuelle. Il serait la philosophie quand Maitre Dubard serait la religion. La force logique contre la puissance de la croyance. D'emblée de jeu, le jeune avocat à moustache et cheveux blonds lance :

— Vous l'avez compris, ce que je vais vous demander c'est d'avoir le courage de dire que vous ne savez pas.

Puis, un par un, il démonte chaque élément à charge contre son client avec une précision aussi pédagogue qu'efficace, remontant toute l'enquête point par point. Le principal argument de la défense est le nombre d'appels téléphoniques passés avec un certain Monsieur Kabir, qui lui-même n'a pas été sommé de comparaitre aujourd'hui, la justice ayant estimé qu'il n'y avait pas assez d'éléments à charge.

— Les policiers ont relevé 145 appels dans les trois mois précédant le braquage, puis 23 la vieille, puis plus rien, comme s'ils avaient préféré mettre sous silence tout contact pour ne pas se faire repérer. Mais Monsieur Kabir, il est où aujourd'hui ? Il n'est même pas là. Les policiers l'ont interrogé une fois puis ont estimé qu'ils n'avaient rien contre lui. Si Monsieur Kabir est innocent, pourquoi le fait de parler à un innocent fait-il de mon client un accusé ?

Ils regardent les jurés un à un, attendant une réponse à ce paradoxe de justice.

— Les policiers ont été pris par un effet tunnel. Convaincu que mon client était coupable, ils ont relevé seulement ce qui pouvaient l'incriminer, sans chercher ailleurs. L'ADN par exemple qu'on a retrouvé sur le casque de moto. Vous savez bien que seuls le profil génétique des personnes ayant déjà eu affaire avec la justice sont répertoriées. C'est une moto de location, des centaines de personnes l'ont mises ce casque. Alors c'est sûr que lui là, avec son palmarès de champion, quand on met le casque sur la machine à la recherche de profils génétique, la machine elle fume ! Vu qu'il a un casier judiciaire fleuri, ils obtiennent le coupable idéal ! Vous et moi, nos empreintes ne sont pas fichées.

Le jeune et brillant avocat continue son exposé :

— Et puis comment ça se fait qu'on ne retrouve aucune trace d'ADN de lui dans la voiture ? Ça, ça ne dérange pas les enquêteurs qui balaient ça dans leur compte-rendu en disant qu'il portait un casque. Bon, je veux bien, mais déjà je trouve étrange qu'ils ne retrouvent aucune goutte de transpiration pendant cette journée de canicule, avec un casque je peux vous dire qu'on transpire, je fais moi-même de la moto.

Il rejoue alors la scène de l'accident, qui se joue sans ceinture puisqu'il n'y en avait simplement pas dans cette voiture passager arrière.

— La voiture allait à 180 km/h quand elle a fait des tonneaux. Tout le monde les croyait mort. La voiture est renversée, des bouts de verre partout. Donc par miracle, il a réussi à léviter pendant que la voiture faisait des tonneaux, ne touchant aucune paroi avec ses mains ou avec son visage ; puis il ne s'est pas écrasé au sol quand la voiture s'est renversée ; puis il s'est échappé tel un fakir en marchant sur le verre, sans aucune trace d'ADN nulle part, sans aucune goutte de sang. Non, depuis que Newton s'est pris la pomme sur le bout du nez, c'est pas moi qui le dit c'est la gravité, c'est IM-PO-SSIBLE ! clame-t-il.

Il finit sa plaidoirie par une synthèse efficace des paradoxes de l'enquête, sans citation ni allégories, puis conclut en lançant son bras vers son client :

— Alors l'homme est là, je vous le confie.

J'aurais voulu l'applaudir tant il avait brillé d'éloquence. La seule réponse fut le silence glaçant de la cour d'assises. Les avocats sont souvent des hommes de l'ombre, sauf le fameux Maître Dubard qui avait tout de même ramené quatre stagiaires pour épater sa galerie. Mais cet avocat-là qui avait consciencieusement travaillé son dossier, examiné chaque procès-verbal, chaque scellé, chaque rapport de police avec toute l'attention qu'elle mérite pour y chercher une faille, qui avait retracé toute la chronologie de l'affaire, avait vérifié et revérifié chaque information, personne pour l'applaudir aujourd'hui, personne non plus pour le féliciter à la sortie de l'audience. Aucune retransmission à la télévision, aucun enregistrement audio, le seul public à convaincre pour ces hommes de théâtre sont les jurés qui feront leurs critiques dans le secret du délibéré.

Mais les jurés n'y croiront pas. Ce seront 13 ans et 12 ans pour ceux qui nient, et 9 ans pour le seul à avoir avoué, le client de Maître Dubard.

Chapitre 22
AU PLAISIR DE NE PAS VOUS REVOIR

Il voulait juste que ça s'arrête. Voilà des mois que des photos compromettantes de lui circulaient sur internet avec son nom, son adresse et même sa date de naissance. Celui qui le harcelait prenait un plaisir vicieux à le persécuter, arrosant les réseaux sociaux avec ces photos, de celles dont on voudrait que personne ne voit, surtout pas ses amis, encore moins sa famille, même pas un tribunal. Mais aujourd'hui le harceleur n'est pas là, et c'est sa victime qui est jugée pour séquestration et violence avec usage d'une arme.

Le harceleur, c'est Martinez. La victime, c'est Élabar. Ces deux-là ont en commun d'avoir vécu dans des foyers de l'Aide Sociale à l'Enfance. Avec ce harcèlement qui durait depuis des mois, sans répit insulté, humilié, menacé, Élabar n'en pouvait plus. Martinez ayant donné ses coordonnées à tout l'internet, Élabar ne se sentait plus en sécurité nul part. À bout, il demande à des amis de l'aider à mettre fin au cauchemar. L'un d'eux connaît le harcèlement, il en avait été victime dans sa jeunesse. Lui aussi avait vécu la peur, la honte, la crainte d'ouvrir son téléphone, l'acharnement des autres, la phobie sociale qui s'installe, le désespoir qui guette puis qui se répand partout.

De tels citoyens modèles, on en voit pourtant rarement dans le box. Tous trois travaillent le soir pour payer leurs études, Mr Élabar faisant des ménages pour financer sa formation d'ingénieur informatique, sans plus de casier judiciaire que d'ennemis. De toute façon, ce n'était pas par haine que Martinez harcelait, c'était seulement par jeu qu'il ruinait la vie du jeune homme à tête de premier de la classe. Cheveux laqués sur le côté, grandes lunettes rondes, petit pull gris et chemise blanche, Élabar évoque un comptable en herbe sans histoire. Rien à voir avec ce Martinez dont la carrure est aussi imposante que son absence aujourd'hui, préférant à l'évidence ne pas s'épancher devant la cour sur cette histoire de harcèlement. La cour, elle, a besoin de savoir. Alors on nous lit des textos d'insultes, gratuites et répugnantes, qu'il envoyait à sa victime. Martinez se délectait de gâcher la vie d'Élabar et lui faisait savoir avec le plaisir sadique de celui qui retire les ailes d'une mouche en souriant, prenant plus de plaisir encore quand la victime terrifiée le regarde jubiler.

Pour l'arrêter, fallait bien trois personnes et un tazer. Les trois amis lui ont tendu un piège qui a presque bien marché. L'amener dans une forêt fut facile, le faire monter dans la petite voiture garée là fut facile aussi, puis … Peut-être l'excès de haine, peut-être la vengeance qui ne retenait plus ses coups, ici ils ont du mal à mettre des mots dessus, mais ce qu'il en ressort c'est qu'ils l'ont tabassé puis abandonné là, gisant dans la forêt. Cinq jours d'incapacité de travail. C'était pas le plan. Au départ, ils devaient juste prendre quelques photos compromettantes de lui, et le menacer de les publier partout s'il continuait le harcèlement.

À la barre, Mr Élabar ne veut pas parler des photos intimes volées que son bourreau partageait sur internet, et son avocat remerciera le président d'avoir la pudeur de ne pas insister. Chose rare, car normalement la cour d'assises adore fouiller dans ce qu'on veut le moins montrer. C'est même là l'irrésistible penchant vers lequel la cour se laisse inexorablement entraîner.

— Pourquoi n'avez-vous pas porté plainte plutôt que de faire justice vous-même ?

— On sait bien que ces plaintes n'aboutissent jamais, rétorque son avocat d'un seul bond de mots. Elles sont toujours classées sans suite. Il y a huit mois mon client a porté plainte justement, mais jusqu'à aujourd'hui personne n'a été convoqué, rien. La police est complètement démunie face au harcèlement en ligne. C'est beaucoup plus facile pour eux d'enquêter sur des violences que sur un harcèlement. C'est presque impossible de retrouver l'auteur des faits, car ils envoient les photos depuis des faux comptes ou des comptes alias. Vous savez, il y a beaucoup de jeunes qui se suicident à cause du harcèlement … Mr Élabar ne savait plus quoi faire pour que ça s'arrête. Il ne voulait pas en découdre avec Mr Martinez, il voulait juste que cesse le harcèlement. Ensuite, ça leur a échappé.

C'est triste à dire, mais à demi-mots, tout le monde est conscient que l'on touche ici aux limites de la justice. Pour arrêter cette machine qui voulait le pousser au suicide, Mr Élabar n'avait pas le choix, la Justice ne pouvait plus l'aider. Qu'aurions-nous fait à sa place ? Même la Procureure générale, d'habitude si sévère dans son rôle de représentant de l'État, fait preuve de compréhension. Fait rare, le président suit les réquisitions du Parquet et leur annonce qu'ils sont condamnés à dix mois de prison avec sursis. Soulagés, leur famille les enlace, eux et tout leur destin que le président aurait pu briser. Dans sa clémence, il a aussi accepté que leur condamnation ne figure pas au casier judiciaire. Alors qu'ils sortent de la salle d'audience encore hébétés pas cette justice à laquelle ils avaient arrêté de croire, le président leur lance :

— Allez au revoir Messieurs. Et au plaisir de ne pas vous revoir !

Chapitre 23

JE TE SUIS DANS L'OMBRE

— Lors de vos rapports, est-ce qu'il y avait une pratique qui revenait souvent ?

— Oui, la sodomie.

— Et des mots ?

— Oui, des mots dégradants.

— Je suis désolé de vous demander ça, je comprends combien c'est douloureux et intime, mais pouvez-vous nous donner des exemples de ce qu'il vous disait ?

— Salope … cochonne … sale vache …

La geek aux cheveux courts et sweat noir répond aux questions de l'avocate les yeux baissés. Une cour d'assise est une plongée glaciale dans l'intimité, aussi noire et douloureuse soit-elle. Au fur et à mesure de son témoignage qui émeut l'assemblée compactée, son visage va lentement se décomposer à l'évocation de ces moments de vie qu'elle avait cherchés à enterrer pour ne plus jamais s'en souvenir.

— C'est peut-être bête, mais sur internet il avait une communauté. Y avait des milliers de gens qui regardaient ses vidéos. Je me disais que si y avait autant de gens qui le suivaient, c'est que c'était un gars bien.

Dans le box des accusés de la cour d'assise du Palais de justice de Paris, Mr WaynZ écoute, le dos vouté, son ancienne petite amie décrire ses colères et ses bouffées paranoïaques. *Parano*, ça revenait souvent. Le crâne rasé, lunettes à montures noires et fine, athlétique presque éphèbe, l'ancien steamer de 34 ans ressemble à un hipster de Belleville.

— Je me souviens que quand on allait faire des courses, dès qu'il voyait une femme bien habillée, il me disait que c'était une pute. Et à la télé, quand il voyait un acteur, il disait que c'était un pédophile.

Murmures dans la salle que la petite célébrité de Mr WaynZ a rempli de curieux et de journalistes. Même l'avocate semble perplexe. Comprenant que tout le monde se demande s'il a bien entendu, son ex reprend :

— Il me disait : *Regarde celui-là, c'est un pédophile*.

La jeune femme parle comme une enfant que le monde des adultes effraie, la même manière de dire et de formuler. Introvertie, le visage très pâle et rondelé, on l'imagine aisément vivre dans un monde de jeux vidéo et fuir une réalité trop décevante. Pourtant, elle avait laissé ce monde virtuel déborder dans le réel quand Yannick Nascimento l'avait contactée, pas peu honorée que celui qui se faisait surnommer Mr WaynZ l'ait choisie elle parmi ses 220 000 abonnés sur Youtube et ses 95 000 abonnés sur Twitch. Sur sa chaîne Youtube toujours existante à l'heure où j'écris ses mots, il se signe ainsi : *Mr WaynZ, N°1 des fragiles*.

— À quelle fréquence étaient vos rapports ? demande l'avocate des quatre parties civiles qui l'accusent de viols, séquestrations et tentatives de meurtre.

— Il était très demandeur. Un rapport par jour. Il me disait toujours que dans un couple, un rapport par jour c'est normal, c'est ce qu'il faut faire.

— Mais vous aviez envie ?

— Non. Quand on était dans le lit, je me mettais dos à lui, j'essayais de lui faire comprendre. Mais lui il se collait et il me touchait. Il me laissait pas tranquille si je le faisais pas, donc je le faisais pour qu'il me laisse tranquille.

— Madame, vous savez comment on appelle ce que vous avez vécu ?

La jeune femme baisse les yeux à nouveau.

— Oui. Oui je sais. Sur le coup, je comprenais pas. Je pensais que c'était normal de faire ça comme ça.

— Et il se passait quoi si vous refusiez ?

— Il s'énervait, il se mettait en colère. Ça pouvait durer toute la nuit qu'il soit en colère, du coup la plupart du temps, je le faisais pour qu'il se calme. Vous savez, la première fois que j'ai eu un rapport avec lui, je pleurais.

Un silence grave suspend la salle devenue confidente.

— C'est comme si je voulais pas ouvrir les yeux sur ce qu'il s'est passé, et je ne veux pas les ouvrir.

— Est-ce que vous considérez qu'il vous a détruite ?

— À 70% oui. Je me bats pour ce qui reste.

Le regard plongé dans ses souvenirs, elle s'éteint quelques instants. L'avocate a la délicatesse de ne pas poursuivre, et conclut :

— Je vous souhaite de vous reconstruire.

L'avocate de l'accusé, elle, n'a pas le temps d'être délicate. Sans scrupule, elle remue tout ce passé en essayant d'y trouver les failles.

— Mais qu'est-ce qu'il vous reprochait exactement ? l'interroge-t-elle.

— Il me disait que j'étais grosse, que mon appartement c'était de la merde, que ma connexion internet c'était de la merde. Il me reprochait de ne pas avoir de travail, de ne pas avoir fait d'étude.

L'ironie, c'est que Mr WaynZ pesait avant leur relation plus de 100 kilos.

— Vous ne pensez pas que c'était à lui qu'il se faisait des reproches ? Parce qu'il avait été obèse avant de vous connaître, qu'il n'a pas fait d'étude, et que lui-même était au chômage … ?

La jeune femme ne répond rien, elle n'a ni l'envie ni la force d'analyser celui qui passait son temps à jouer aux jeux vidéo, à utiliser son appartement sans payer de loyer et à utiliser sa carte bleue autant qu'il le souhaitait.

— Pourquoi ne pas l'avoir quitté ? s'étonne l'avocate.

— Quand j'ai voulu le quitter, il m'a menacé de brûler l'immeuble où je vivais, et il me disait qu'où que j'aille il me retrouverait.

L'avocate espérait une autre réponse, quelque chose qui aurait pu montrer qu'au fond d'elle la jeune geek y trouvait son compte finalement dans cette relation.

— Quand y a des problèmes dans un couple, ça vient un peu des deux, lui concède la geek d'une voix faible, sentant qu'on attendait d'elle quelque chose à concéder. Lui, je dirais que c'était 80% du problème.

— Vous avez le droit de le penser, réplique sèchement l'avocate.

Le jour où, le visage tuméfié, elle est allée au commissariat après qu'il l'ait battue et rouée de coups, les policiers n'ont pas pris sa plainte au motif qu'elle ne saignait pas au moment où ils lui parlaient. Ils venaient de ruiner le peu d'espoir qu'elle avait d'être entendue et protégée, surtout que Mr WaynZ lui fit payer cet appel à l'aide par une violence redoublée.

— Et puis aussi, moi je me sens pas légitime. Comparé à ce qu'il a fait aux autres victimes, ce que j'ai vécu c'est rien, confie-t-elle avec tristesse.

Fanny, elle, est restée trois ans avec Mr WaynZ. Coups, brûlures, viols, séquestrations, elle a tout subi en se disant que sans lui elle n'était rien. Il le lui avait tellement répété que, comme tant de femmes battues, elle avait fini par le croire. Elle n'avait jamais porté plainte car, quand elle avait confié dans son enfance avoir été violé par son grand-père à son professeur, il ne l'avait pas cru et avait répété l'histoire à toute l'école de sorte que toute son enfance et son adolescence, Fanny avait subi moqueries et harcèlements à cause de ça. Avoir parlé lui avait coûté cher, elle n'a pas eu le courage de réessayer quinze ans plus tard. Mais le jour où il a tenté de l'étrangler, son instinct de survie a été plus fort, elle a réussi à prendre un couteau et, d'un geste qui lui sauva la vie, le lui planta dans le ventre. Ça saigne. Du sang partout, sur le sol, sur les mains, partout, elle lui fait les premiers soins et appelle les urgences.

À la barre, sa meilleure amie nous raconte l'enfer que Fanny a vécu. C' est elle qui est allée la chercher à l'issue de sa garde-à-vue. Quand elle arrive au commissariat, Fanny se jette dans les bras de son amie, traumatisée par la tentative d'assassinat et par la police qui la traite comme une coupable. Elle est sale, elle sent mauvais, elle a du sang séché sur ses vêtements et dans ses cheveux. Pendant 48 heures, les policiers ne l'ont pas autorisée à manger ou à aller aux toilettes, elle s'est donc urinée sur elle-même.

Pendant que sa meilleure amie parle à la barre, Fanny l'écoute la tête dans les mains, pleurant en silence, comme si elle ne voulait pas déranger, un mouchoir vert à la main. Le plus injuste, c'est qu'elle a été condamnée à 4 mois de prison avec sursis pour cette histoire en 2018, au motif de violence avec usage d'une arme. Mr WaynZ avait eu la même peine, et était donc reparti tout aussi libre qu'avant.

— Est que vous pensez qu'elle aurait pu mentir aux policiers ? lui demande l'avocate dans sa volonté de décrédibiliser autant que possible les victimes présumées.

Même si le protocole veut que le témoin se tourne vers la présidente quand il s'exprime, la meilleure amie se tourne résolument vers l'avocate pour lui répondre. Alors que je pensais que son visage allait manifester de la colère, elle a les yeux dans le vide, ou plutôt dans le souvenir de cette scène où elle a retrouvé son amie au commissariat.

— Non, c'est impossible. Son cerveau n'était pas apte à mentir.

Elle reste quelques instants en silence puis reprend :

— Elle était … tétanisée.

— Mais alors pourquoi n'a-t-elle pas fait appel de sa condamnation ?

— Fanny me disait *« Ils ne m'ont pas cru la première fois, pourquoi ils me croiraient une deuxième fois ? »* Elle n'avait plus la force. Tout recommencer c'était impossible pour elle. Elle était trop traumatisée, elle avait besoin de passer à autre chose. Depuis cette histoire, elle est incapable de vivre normalement, elle ne peut pas rester seule sans son chien d'attaque. Le pire, c'est que même après avoir essayé de la tuer, ça l'a pas arrêté, au contraire il continuait de la harceler de textos. Je me souviens de ses textos. Un jour, il lui a écrit : *Je suis toujours là, je te suis dans l'ombre.*

Cette affaire était une suite d'erreurs judiciaires et policières, incapable de protéger la société d'un individu qui, au contraire, s'enorgueillit de réussir à la manipuler. Cette affaire, personne n'en n'aurait plus entendu parler si Mr WaynZ n'avait pas récidivé un an plus tard, après avoir tenté d'étrangler une nouvelle compagne. Cette fois-ci, la jeune femme se sentait déjà partir quand des policiers l'ont secourue. Une minute plus tard, elle serait morte.

Chapitre 24
L'HYPNOSE

— Je vous préviens, je prends mon temps, préviens la présidente à l'une des trois parties civiles qui s'apprête à être interrogée.

C'est un étrange procès que celui de Joël Hersant. Son costume sombre et sa cravate blanche tentent maladroitement de faire oublier qu'il ait pu violer et agresser sexuellement trois femmes, abusées par ce magnétiseur sans charisme, la soixantaine froide, sans goût, sans odeur et sans cheveux. Avec ses lunettes rondes comme des yeux, le gourou utilisait l'hypnose pour agresser ses victimes. Il comparait libre aujourd'hui, dans une salle d'assise sans plus d'âme que cette présence vide à quelques bancs de moi, fixant les débats sans jamais détourner son regard à lunettes rondes.

La femme aux cheveux noirs s'appelle Ouza. Algérienne, la voix grave et la corde sensible aux médecines alternatives, Ouza était allée chez ce magnétiseur sur les conseils d'une amie, 80 euros la séance, c'est abordable pour soigner un mal être qu'elle peine à définir. Lors de leur première séance, il pointe du doigt et de l'esprit quelques conflits intergénérationnels. Ouza est impressionnée. Après avoir touché son genou, il lui dit qu'elle a un problème avec la gente masculine. Ouza est encore plus impressionnée. Il peut l'aider mais il faut le faire rapidement, le temps presse. Ils prennent quelques instants pour discuter, le temps pour elle de lui dire qu'elle est musulmane, le temps pour lui de rétorquer que la religion musulmane l'empêche de vivre et qu'il faut qu'elle arrête de croire. Soit. Elle n'est pas obligée de partager ses convictions, tout ce qu'elle veut c'est aller mieux.

Allongez-vous. Il lui demande de retirer son pull puis, après quelques mouvements de main au-dessus de son corps pour canaliser les énergies, il la somme de retirer son soutien-gorge car, parait-il, il guérit du cancer du sein. À cette époque-là elle n'en avait pas, mais un an plus tard elle en développera un, confie-t-elle à la présidente. *Fermez les yeux.* Une sensation étrange la traverse, elle sent des nœuds au niveau de sa poitrine.

— J'entrouvre les yeux et je découvre qu'il tisse des nœuds imaginaires au-dessus de mes seins. Au bout d'un moment, il me demande de mettre mes bras en l'air. Il se met à faire de grands gestes autour de moi en disant : *La guerre est finie. La guerre est finie.* Il était persuadé que ma grand-mère me hantait parce qu'elle était morte d'une crise cardiaque pendant la guerre d'Algérie.

Le moment du basculement, c'est quand il passe du vouvoiement au tutoiement. Ouza s'en souvient très bien car ça l'avait surprise. Avec le *tu*, il pose les mains sur ses jambes, puis remonte lentement jusqu'à son pubis, jusqu'à comprendre qu'elle a ses menstruations. Elle sent bien que ce n'est pas normal, mais elle est incapable de bouger.

— Je ne contrôlais plus mon corps, je n'arrivais plus à ouvrir les yeux.

En état d'hypnose, incapable de réagir, elle ne peut qu'assister impuissante aux manipulations du magnétiseur. Il se colle à elle, pressant contre elle son sexe en érection.

— J'étais comme ensorcelée, je ne pouvais rien faire.

Il se frotter contre elle. *Allez, laisse-toi aller.* Lui, il se laisse aller, respirant fort, se frottant d'avant en arrière, le pénis collé à son pubis.

— Pour moi ça avait duré un temps éternel. Mais sûrement ça ne l'était pas, murmure-t-elle.

Dans un ultime effort, elle parvient à dire non. *Pourquoi non ?* lui répond-il, *laisse monter.* Au bout d'un moment, il s'arrête, sûrement a-t-il éjaculé. On ne saura jamais.

— Quand la séance s'est finie, il m'a dit qu'il fallait bien que je comprenne qu'il n'avait pris aucun plaisir, que ça devait rester entre nous et qu'il ne fallait pas que j'en parle parce que les gens ne comprendraient pas ses méthodes. Il a aussi exigé que je ne vois aucun autre médecin car ça pourrait interférer dans la thérapie. Et puis il me répétait qu'on avait bien travaillé mais qu'il fallait revenir car il y avait encore beaucoup de travail, mais cette fois-ci sans mes règles car ça empêchait les énergies de circuler.

Chapitre 25
LE TRAC DE L'INCONSCIENT

C'est la première cour d'assises d'où je vois le ciel. Une grande baie vitrée parcourt toute la partie supérieure de la grande salle, donnant à voir un ciel uniformément blanc. Dans la mi-pénombre de la cour d'assises de Bobigny, le sol en lino rouge bordeaux jure avec tout le reste mais, j'imagine, devait être bien plus économique que la moquette.

Avec ses lunettes à grosses montures noires, l'avocat des accusés me fait penser à Marc Lavoine en un peu moins imposant. C'est la pause déjeuner, il reste encore une quinzaine de minutes avant que la séance reprenne. Accoudé au pupitre de la procureure générale, Marc Lavoine en profite pour plaisanter avec la jeune femme dans une cour à la limite du flirt. Sans doute cela fait-il partie de sa stratégie pour espérer des réquisitions un peu moins corsées, du moins c'est rare de voir avocats et magistrats entretenir de bons rapports, du moins encore des rapports qui soient autres que des rapports de force.

Les services pénitentiaires amènent les jeunes prévenus dans le box, tous deux portent des chemises à carreaux, assortis d'une queue de cheval et d'une barbe de trois jours. Dans le box, l'ambiance est très détendue chez les gardiens qui se partagent un paquet de bonbons à quatre devant le regard sévère du vieux greffier qui doit depuis longtemps avoir dépassé l'âge de la retraite. Avec son long cou aussi ridé que celui d'un coq, il sonne la reprise de l'audience et la fin des camaraderies.

Le 9 mars 2021, Malik reçoit un texto d'un pote. Il lui propose un plan facile pour se faire de l'argent. Malik était dans le train pour rentrer chez lui après une journée de boulot de livreur, et un peu d'argent facile il ne crache pas dessus. Au début il n'a pas répondu, puis finalement, un flash de gin et une demi bouteille de whisky aidant, il lui a demandé quel était le plan. C'était simple : Ils prennent rendez-vous chez une prostituée et lui volent son argent.

— Pourquoi une prostituée ? demande le juge Fogassy qui préside l'audience.

Le président est un bel homme, fait plutôt rare dans les palais de justice. Son jeune âge et le visage impeccablement rasé lui donne un air de Harisson Ford mêlé à Macron.

— Elle a été choisie par internet, et une prostituée elle a beaucoup de liquide, dit Malik de sa voix douce.

La victime gagnait effectivement entre 800 et 1000 euros par jour, toujours payés en espèces, à raison de 100 euros la demi-heure même si généralement ses prestations durent plutôt 15 minutes. Par semaine, elle gagne entre 3000 et 5000 euros, confie-t-elle aux policiers qui l'auditionnent. Elle proposait tout sauf la sodomie et les plans à plusieurs.

Malik n'a pas le profil du criminel. Il est doux, si doux qu'il déroute la raideur d'une cour d'assise, comme s'il ramenait de l'humanité là où elle est censée être froidement mise à nu. Tout son être respire l'innocence dénuée de violence. Je suis aussi étonné que les jurés de le voir dans le box des accusés, à côté de son pote qui malheureusement pour lui répond à tout ce qu'on attend d'un accusé dans un box, agressif et arrogant.

Bien entendu, leur plan ne s'est pas passé comme prévu. Malgré le couteau sous la gorge, la prostituée jurait ne pas avoir d'argent alors Malik s'est mis à chercher partout dans l'appartement pendant que l'autre la surveillait dans sa chambre, la violant pour mieux la surveiller. La défense de Malik est plutôt surprenante. Quand il s'est aperçu que son acolyte la violait, il dit avoir eu pitié d'elle car il faisait ça *sans aucune manière*. Alors il a dit à son pote que c'était son tour, comme ça au moins il serait plus doux avec elle.

— Pourtant dans son audition, la victime dit que le premier accusé n'avait plus d'érection alors qu'il essayait de la sodomiser. C'est à ce moment-là que vous avez pris sa place. Mais vous, ce que vous dites c'est que vous l'avez violé pour la sauver ?

Il reste muet quelques instants, comprenant l'ironie de sa défense. Le président, toujours dans une retenue qu'oblige sa fonction, fustige la légèreté du jeune homme :

— Si j'écoute bien votre discours, Monsieur la violente et vous venez à son secours, et le seul moyen de venir à son secours, c'est d'avoir une relation sexuelle à votre tour. Vous pensez que quand c'est vous c'est moins grave ? s'indigne le président.

Malik reste muet. Sans antécédent judiciaire, il prétend s'être laissé entraîner par l'alcool et par ce pote qui lui faisait peur. Dès le début il a compris que la situation allait trop loin mais il ne savait pas comment faire pour l'arrêter, alors il a essayé de faire au moins pire. Lui, il a mis un préservatif alors que son pote avait refusé de le faire.

— Est-ce que vous pensez que c'est moins grave parce que c'est une prostituée ?

— Non, répond-il après avoir hésité.

Sentant qu'on attend une réponse un peu plus développée, il ajoute :

— Il n'y avait pas de violence. Je ne l'ai pas frappée, je ne l'ai pas tenue, elle n'a pas crié.

Le président s'agace.

— Mais monsieur, vous comprenez bien qu'un viol, ce n'est pas forcément une violence physique ?

L'autre ne répond rien. Non, visiblement il ne savait pas. C'est une drôle de scène qui se passe alors, où le président lui explique qu'à partir du moment où la personne n'est pas consentante il s'agit d'un viol et qu'une femme terrorisée, menacée quelques minutes auparavant avec un couteau, ne va pas se débattre.

— Est-ce que la victime était d'accord pour lui faire une fellation ?

— Elle était d'accord.

— D'accord. Donc ce que vous dites c'est qu'il n'y a pas eu viol ?

— Si.

— Mais vous nous dites qu'elle était d'accord … ?

— Oui, mais elle avait peur.

— Était-elle consentante, oui ou non ?

— Non.

— D'accord. Et comment appelle-t-on une relation sexuelle non consentante ?

— Un viol.

Malik, débarrassé de cette naïveté enfantine que répugne le juge Fogassy, comprend alors la gravité de ce qu'il a commis et pâlit à mesure que le président lui explique ce qu'il s'est passé pour cette femme. Quand le président lui demande si elle semblait terrorisée, il lui faut quelques temps pour replonger dans la scène et finalement acquiescer.

— Oui, elle répétait : *J'ai peur, j'ai peur*. Après elle était assise dans un coin et elle disait plus rien.

Le président s'énerve, contrarié par la passivité du jeune homme.

— Elle n'avait pas juste peur, elle était TERRORISÉE ! Elle a sauté complètement nue par la fenêtre pour prendre la fuite parce qu'elle pensait que vous alliez la tuer, ce n'est pas juste avoir peur ça !

— J'ai essayé de la rassurer, bredouille-t-il.

— Vous l'avez rassuré … ceci étant elle a sauté par la fenêtre ! s'impatiente le juge qui élève la voix.

Heureusement, l'appartement était au premier étage et Sonia s'en est tirée avec une cheville foulée. Nue dans la rue, elle parvient à alerter des passants.

Sonia n'est pas venue au procès. D'origine italienne, elle venait en France seulement deux semaines de temps à autres pour se prostituer et repartait dans sa famille, aucun de ses proches n'est au courant de ses activités hors de la frontière. Jamais elle n'aurait porté plainte si ses agresseurs ne lui avaient pas volé ses papiers d'identité. Pour elle, sûrement le viol est-il un risque connu et ce n'était pas la première fois.

— Vous avez regretté à quel moment ?

— Le jour-même et le lendemain. Quand je fermais les yeux, j'avais des flashs.

Mis en détention provisoire dans l'attente de ce procès, il entend des voix en prison qui lui disent qu'il est un criminel. Depuis, il est suivi par un psychiatre. Malik ne feint pas la folie, loin de là. Quand il raconte tout ça à la cour, sa voix est si faible et si honteuse qu'on l'entend à peine. Mais le juge, lui, ne fait état d'aucune pitié. Des criminels comme lui qui se battent avec leur bonne conscience, il a dû en voir beaucoup. Le juge est là pour rappeler que ce n'est pas son combat à lui, lui il est là pour découvrir la vérité et juger des faits.

— Je ne comprends pas, vous dites que vous aviez peur de Monsieur, et qu'en gros tout est de sa faute et que vous avez tout fait pour *éviter le drame*. Mais pourtant vous êtes beaucoup plus costaud que Monsieur, pourquoi vous avez peur de lui ? demande le président au jeune homme qui effectivement est bien plus imposant que son voisin de box tout sec.

— Peut-être que je suis costaud, mais je suis faible mentalement.

Ne regardant pas le président, perdu dans ses pensées, il ajoute :

— Et j'ai mangé une batte de baseball dans mon enfance … je n'ai jamais aimé la bagarre.

Une fois de plus, le président balaie ses arguments d'un regard inquisiteur.

— D'accord. Vous nous dites que vous avez eu une relation sexuelle pour arrêter Monsieur. La victime a dit pourtant qu'il avait des problèmes d'érection, ce qu'il a confirmé lui-même, pourtant vous dites que vous avez fait ça parce qu'il était très agressif et violent. Mais je ne comprends pas, il n'avait a priori pas l'air d'être une menace …

L'interrogatoire continue ainsi pendant une heure, montrant toutes les contradictions dans la pensée à la voix pourtant si douce du jeune homme. Le juge Fogassy, comme un psychiatre, décortique chaque rouage de la pensée pour en déceler les erreurs et les paradoxes avec une colère contenue qui transpire de mots.

Le psychiatre auditionné, le vrai cette fois-ci, se rend à la barre pour rendre compte de son entretien avec la victime. Choquée mais sans réel symptôme au moment de leur entretien, il décrit un échange calme et réfléchi auprès d'une femme qui semble avoir beaucoup de recul. Après avoir expliqué ce calme étonnant de la victime lors de l'expertise, il ajoute que son rapport psychiatrique ne vaut rien car il a eu lieu seulement deux semaines après le viol. Or il existe un état d'*anesthésie psychique* après tout traumatisme qui dure environ quatre semaines, c'est-à-dire que le cerveau ne réalise ce qu'il vient de se passer seulement quatre semaines après les faits. Le calme de la victime n'est donc absolument pas significatif, pas plus que le rapport d'expertise puisque lui aussi réalisé trop tôt. Le président est embêté car son expert lui certifie que son expertise ne sert à rien, et qu'il serait une erreur de s'appuyer dessus pour en tirer des conclusions. Le juge Fogassy reste perplexe. Dans un palais de justice, il est plutôt rare de voir un expert plaider son inutilité.

Chapitre 26
L'AVOCAT AVEUGLE

À l'entrée de la cour d'assises Georges Vedel du Tribunal de Paris, un labrador attend sagement aux pieds de son avocat, scrutant d'un œil détaché les gens passer le portique de sécurité. Les cheveux noirs plaqués sur le côté, l'homme à robe noire regarde quelque chose en l'air tandis qu'il tape sur un clavier dont il caresse les touches pour deviner le relief. Une sonnerie annonce la reprise de l'audience. Un jeune gendarme accompagne l'avocat par le bras jusqu'aux bancs de la défense. Si les caméras avaient été autorisées, cette scène aurait mérité d'être immortalisée, nous qui sommes plus habitués à ce que les forces de l'ordre accompagnent des accusés menottés.

Ce 6 mars 2023, dans la grande salle aux moulures qui sentent le vieux bois ciré, Maître Muglar défend Balagam, accusé de meurtre dans une affaire de quatre ivrognes dont l'un fut poignardé. Le meurtre est international, mettant en scène des immigrés originaires d'Inde, du Bangladesh et du Sri-Lanka. Aussi international soit-il, c'est dans 10 mètres carrés qu'eut lieu le meurtre, dans une chambre d'un foyer social du 9e arrondissement de Paris dont le plan dessiné à la main s'affiche sur un écran géant et dans lequel la Cour est invitée à voyager depuis quatre jours. La scène du crime a été nettoyée, seul le cadavre est resté là, gisant dans son lit et dans son sang. Je retrouve avec plaisir le juge Fogassy, découvert lors du procès du viol en réunion d'une travailleuse du sexe à la cour d'assises de Créteil. Toujours aussi bien rasé, le teint pimpant et les yeux encore plus perçants que dans mon souvenir, le juge écoute avec attention la misère humaine déballée au grand jour dans la majestueuse salle de la cour d'assises.

Depuis longtemps SDF, la victime vivait depuis peu dans un foyer Adoma à Paris. L'alcool avait ruiné son corps qu'il n'arrivait presque plus à porter, mais même très malade, il continuait de boire autant qu'il pouvait, si saoul qu'il n'avait souvent plus la force de se lever pour uriner. Parfois, il parvenait à sortir de chez lui, jusqu'au Franprix du coin où il faisait la manche pour acheter des bières qu'il buvait aussitôt avec ses camarades de rue et de fortune. Entre 5 et 10 bières par jour, et autant de whisky qu'il pouvait et qu'il vomissait à longueur de journée. Sa chambre sentait le vomi, l'urine et l'alcool, et c'est là qu'il est mort, poignardé de 11 coups de couteaux parce qu'il avait traité ses compagnons de misère de *lèche-assiettes.* Pourtant, il n'avait pas vraiment tort. Aussi pauvre soit-il, il se faisait racketter chaque mois 100 euros de ses allocations handicapé par celui qui fera des aveux avant de se rétracter. Ce 22 novembre 2020, ça faisait quinze ans qu'ils se connaissaient et qu'ils traînaient ensemble une pauvreté noyée dans l'alcool.

Ils sont deux dans le box des accusés. Balagam et Sathée, le premier accusé de meurtre, le second de ne pas avoir dénoncé le premier. Sathée était bien présent ce jour-là, il cuisinait dans la petite chambre de la victime. Normalement, ils devraient être trois dans le box mais le dernier a réussi à prendre la fuite à l'étranger. Sathée est donc le premier à passer sous l'interrogatoire éprouvant du juge Fogassy. Il faut dire que Sathée ne l'aide pas, changeant par trois fois de versions au cours de ses différentes dépositions et accusant l'un puis l'autre puis l'un encore. Le président, las, lui demande :

— Est-ce qu'il vous paraît crédible de dire que vous ne savez absolument pas ce qu'il s'est passé dans cette chambre ?

— En réalité je ne sais pas non, mais ce n'est pas moi qui l'ai tué, je le jure par Dieu.

— Ne jurez pas, soyez prudent ..., rétorque le président à voix basse pour ne pas fâcher les dieux.

Ses questions sont précises et cinglantes, soulevant chaque ombre avec une implacable méticulosité. Après chaque réponse, il rétorque d'un indéfectible *D'accord*, laissant quelques infimes secondes de répit, avant de fusiller l'accusé d'une nouvelle question assassine. L'esprit du juge est si vif qu'il est déconcertant d'intelligence, rebondissant sur une nouvelle question presqu'aussitôt après avoir entendu la réponse de la dernière, comme s'il avait prévu toutes les réponses avec dix coups d'avance et qu'importe la réponse de l'accusé il serait pris en étau dans son propre mensonge. Sathée ressemble à une souris, tout de gris vêtu du pull jusqu'aux moustaches, petit et frêle, les yeux toujours un peu écarquillés comme s'il était surpris d'être là. Cet homme sans charisme, sans doute trop souvent méprisé par le monde, n'a pas plus d'estime pour lui qu'il ne cherche l'honneur ou la dignité, il ne pense qu'à sa survie. Apeuré dans sa cage en verre, il n'a pas l'air bien méchant, donnant volontiers l'image d'un homme qui a toujours considéré qu'il était trop tard pour se battre, se laissant porter avec la paresse d'un suiveur sans passion ni conviction. Le juge Fogassy n'aime pas ce genre-là, ce genre à assister à un crime sans broncher plus que ça, avec comme excuse qu'il est faible d'esprit. Non, la lâcheté n'est pas une excuse pour le président de l'audience.

— Donc vous dites avoir vu le couteau dans la poitrine et du sang qui coule de sa bouche, puis vous êtes parti le premier de la chambre. L'avez-vous quitté vivant ?

— Non.

— D'accord, parce que dans vos déclarations à la police vous dites qu'il était bien vivant.

— Ah oui peut-être. Il saignait donc je me disais qu'il était vivant. Enfin, je ne sais plus bien.

Le traducteur parle à la première personne, ce qui rend la scène assez étrange car on vient à confondre malgré nous l'accusé et le traducteur.

— D'accord, vous vous ne vous en souvenez pas. Enfin vous vous souvenez de ce qui vous arrange ..., constate le juge qui commence à s'impatienter. Vous n'avez rien vu ?

— Non.

— D'accord. En garde à vue, vous disiez pourtant que c'était votre ami qui avait nettoyé la scène du crime.

— Je ne sais pas. Oui il l'a peut-être fait, répond le traducteur de Sathée.

— D'accord, mais c'est VOUS qu'on accuse d'avoir nettoyé la scène du crime, s'emporte le juge en élevant la voix.

— Peut-être que c'était pas mon ami, je ne sais pas qui l'a fait.

— D'accord. Pourquoi pas vous ? Il faut arrêter d'accuser n'importe qui monsieur, il faut prendre ses responsabilités ! rugit le juge.

Il y a toujours un bref moment entre les questions du président et la réponse, la traduction en hindou étant à chaque fois nécessaire. Il y a donc ce moment en suspend où le juge s'énerve mais l'accusé ne comprend pas pourquoi encore, ce qui énerve d'autant plus le juge qui, emporté par la colère, s'adresse alors au traducteur comme s'il était l'accusé. On ne sait plus bien qui de l'interprète ou de l'accusé se fait engueuler, mais tout ce qu'on voit c'est que l'interprète se met à bredouiller en traduisant, terrorisé par la fureur du juge qui s'abat indirectement sur lui. Et c'est précisément à ce moment-là que choisit le chien pour venir lui lécher la main, faisant sursauter le pauvre interprète déjà malmené.

— Comment vous expliquez que votre téléphone ne borne plus entre 17h17 et 19h26, précisément l'heure du crime ? Est-ce que vous avez coupé votre téléphone ? demande le président.

— Non, mon téléphone était dans ma poche, la batterie était morte, traduit l'interprète qui tente tant bien que mal de se concentrer malgré les léchades du chien.

— D'accord. Et la batterie s'est rechargée d'un coup ? ironise le président.

Chaque juge a sa propre manière de diriger un procès, il y a ceux qui laissent place aux invectives et aux joutes verbales, ceux qui tiennent la cour d'une main de fer, ceux qui demandent sans cesse aux jurés s'ils ont des questions, ceux pour qui les jurés ne sont que des figurants, ceux qui détestent les avocats, ceux qui prennent plaisir à torturer les accusés. Le style du juge Fogassy tient dans son charisme écrasant d'autorité qui impose le silence et la décence. Inutile de perdre son temps en langue de bois ou en divagations avec lui, le rappel à l'ordre est immédiat et sans équivoque. Vraisemblablement, personne ne cherche à affronter un esprit si vif qu'aucune réparti ne pourrait défier. Mais le style du juge Fogassy réside avant tout dans sa méthodologie d'interrogatoire qui consiste à acculer l'accusé jusqu'à l'étouffement, à resserrer peu à peu le faisceau d'incohérences sans lui laisser le temps de penser, torpillant le plan qu'il avait préparé pour sa défense jusqu'à le dépouiller complètement de tout argument. Le juge Fogassy ne va pas dans l'émotion, il fusille à tout va avec ses *D'accord* comme le refrain d'un chargeur.

Pendant ce temps, le chien de maître Muglar navigue d'un pas lent et nonchalant entre les bancs avant de s'arrêter aux pieds du fils de la victime. Il lui caresse doucement les oreilles. Sourd-muet, le jeune homme est assis face à trois traducteurs en langue des signes qui se relaient tous les quarts d'heure pour lui traduire en temps réel les débats dans de grandes gesticulations de mains et de bouche, théâtralisant les propos des uns et des autres en toute impunité. Leurs expressions exagérées pour traduire en signe auraient dans un autre contexte été perçues comme une caricature presque clownesque de la justice, mais ici leur prestation contraste délicieusement avec la froide solennité du reste de la Cour, immobile sur leurs sièges noirs, le visage toujours impassible et grave. C'est décidément un procès original où se côtoient aveugles et sourds-muets qu'un chien errant dans la salle relie de sa langue râpeuse. Malgré l'apparente difficulté des échanges où s'activent deux interprètes en hindou et trois en langue des signes, le procès se passe sans heurts, parfois interrompu par l'un ou l'autre traducteur qui demande au juge de répéter une phrase mal comprise.

Sathée, lui, a beau répéter ses versions, on a de plus en plus de mal à comprendre ce qu'il s'est passé. Toutefois, de tous les scénarios proposés par Sathée, il a toujours affirmé avoir été dans la cuisine pendant que son cousin

Balagam poignardait la victime, bien qu'il ait aussi pu tergiverser sur le fait que Balagam était l'auteur des faits. Tantôt il poignardait, tantôt il l'aidait à couper des oignons, ça dépendait des fois.

— Quand apprenez-vous son décès ? l'interroge le juge.

— Un mois après, par une chronique nécrologique.

— D'accord. Vous ne vous renseignez pas avant ? Vous quittez une chambre où votre ami a un coup de couteau dans la poitrine et vous ne vous renseignez pas ?

— Non, j'avais peur, j'étais en panique. Mon esprit ne fonctionnait pas.

— Votre esprit fonctionnait suffisamment pour prendre la fuite, objecte le juge

— J'avais peur, je ne voulais pas subir la même chose que lui.

— D'accord. On peut aussi se dire que si vous n'avez rien dit à police c'est que vous êtes impliqué dans ce crime. Vous aviez peur de quoi, monsieur ?

— Peur de lui.

— D'accord. Si vous aviez peur de lui, pourquoi la première chose que vous faites au commissariat c'est d'accuser votre cousin, de donner son nom et son adresse ?

Aujourd'hui, Sathée présente Balagam comme celui qui a porté le coup de couteau. Une règle immuable qui m'a été donnée à voir, c'est que lors d'un procès tout le monde se trahit. Pour minimiser sa peine, les complices d'autrefois deviennent des erreurs à qui on ne doit plus rien puisqu'on est là. Les deux complices dans le box sont cousins et se côtoient quotidiennement depuis plus de dix ans, mais aujourd'hui Sathée jure de tous les dieux que c'est Balagam qui a fait le coup.

À moins de deux mètres de lui dans le box, Balagam est un petit personnage trapu et franchement antipathique rien qu'à le regarder. Il n'inspire que la méfiance. Son air hautain et méprisant lui donne l'allure d'un petit monsieur haineux et violent que l'alcool envenime. Balagam n'a pas de domicile fixe, il erre chez les uns chez les autres quand il ne dort pas dehors. On allait commencer son interrogatoire quand une petite voix lève le décibel.

— Excusez-moi …

— Ah je vous oubliais Maître, vous êtes tellement silencieux …, s'excuse le président qui avait oublié de donner la parole à l'avocat de Sathée.

L'avocat se lève puis se tourne vers son client pour tenter de redorer un peu son image après cet interrogatoire musclé.

— Je vous avais prévenu Monsieur, la cour d'assises c'est éprouvant. Vous êtes passé par le rouleau compresseur de l'interrogatoire, une vraie machine à laver … C'est dommage car vous êtes sans doute celui le moins impliqué dans cette affaire, mais votre attitude donne à penser que vous êtes celui qui a le plus à cacher. Vous avez mis tellement de petits cailloux pour ne pas être clair qu'on vous les a tous mis dans le visage.

Son client baisse les yeux, conscient de sa piètre prestation.

— Bon. Une cour d'assises c'est pas juste pour jouer au jeu des sept erreurs entre les trois interrogatoires. Monsieur, vous avez l'opportunité de dire quelques mots au fils de la victime, auriez-vous quelque chose que vous voudriez lui dire ?

Sathée comprend alors que le jeune sourd-muet qui est assis depuis des jours sur le banc n'est autre que le fils de Moan.

— Je … je ne savais pas qu'il était sourd … Je ne sais pas comment …

— Oui, mais que lui diriez-vous s'il était …, demande l'avocat ne sachant pas trop bien comment finir sa phrase sans être maladroit.

Sathée réfléchit un instant, le fils se redresse sur le banc, fixant des yeux l'interprète mais regardant à travers elle un des assassins présumés de son père.

— Je … je suis désolé pour votre père et je …

Son fils éclate en sanglots, le bruit de ses pleurs couvrant la voix de l'accusé et de son interprète. Réduite au silence, la cour est obligée d'attendre que les pleurs cessent pour reprendre les débats. Pendant près d'une minute, on n'entend plus que des larmes s'échapper d'un visage enfoui entre des mains qui tremblent. Le chien, étonné, regarde le jeune homme auparavant toujours silencieux pousser des gémissements inarticulés. Le président, peu à l'aise avec l'excès d'émotions quelle qu'elle soit, demande s'il est possible d'interroger le prochain accusé. La cour est surprise, l'audience du jour aurait déjà dû s'achever il y a plus de deux heures, la nuit est déjà tombée depuis longtemps. Maître Muglar tente de repousser l'interrogatoire au lendemain mais rien n'y fait, le juge Fogassy a décidé que ce serait ce soir.

— Je vous admets que si je pouvais au moins avoir une suspension …, demande Maître Muglar de sa voix de ténor. Mon chien commence à s'exciter, il faut aussi prendre en compte ses besoins..., ajoute-t-il avec une touche d'humour.

Maître Muglar est aveugle de naissance. Au-delà de la prouesse d'avoir passé le barreau malgré son handicap, il est devenu Secrétaire de la Conférence des avocats du Barreau de Paris lorsqu'il a remporté, il y a quelques années, le très prestigieux concours d'éloquence. Maniant le mot avec goût, il se délecte de la joute verbale dans un style parfaitement désuet et assumé. À l'entendre, on croirait écouter une vieille émission de radio où les mots s'allongent, où les phrases sont presque musicales tellement elles roulent sous la langue. On devine les heures à écouter des archives de procès et cette fascination toute naturelle pour ces orateurs qui arrêtent le temps et le monde par leur simple charisme. Maître Muglar est indéniablement de ceux-là.

Avec son clavier en braille d'une main, saisissant la laisse métallique de l'autre, l'avocat et son chien s'accompagnent doucement vers la sortie d'un pas et d'une patte lente.

***

Maître Muglar est l'avocat du détestable Balagam. Qualifié par tous de personnage violent, voleur, manipulateur et alcoolique, on peine à trouver des raisons de ne pas le condamner trop vite. Sa femme l'a quittée il y a de ça des années parce qu'il la battait. Difficile de dire si l'alcool était la cause ou la conséquence, quoi qu'il en soit il buvait déjà avant leur divorce. Son truc à lui c'est de boire jusqu'à l'effondrement, là-dessus aussi son co-prévenu n'a jamais tergiversé.

Balagam parle d'une voix étouffée, fronçant les sourcils à chaque question qu'on lui pose. Il voyait Moan presque tous les jours depuis une quinzaine d'années maintenant. Depuis que Moan était très malade, Balagam prétend l'aider à marcher, à se doucher, et à aller lui tirer un peu d'argent. Selon les dires des banquiers qui les voyaient parfois ensemble, c'était plutôt du racket. Le chien vient renifler l'intérieur de la robe d'un des avocats de la défense, qui essaie discrètement d'écarter le chien.

— La victime était-elle vivante quand vous quittez les lieux ?

— Je ne sais plus.

— D'accord. Lors de votre garde à vue, vous aviez dit que la victime étouffait quand vous partiez.

Balagam baragouine quelque chose, donnant une réponse si évasive que l'interprète est presque désolé de la traduire. À chaque réponse qu'il donne, le traducteur parle longuement avec lui pour comprendre ce qu'il veut dire tellement il est évasif.

— C'est incompréhensible vos réponses Monsieur Balagam, s'impatiente le président.

Le chien, décidément très à l'aise dans cette cour d'assises, s'avance maintenant en direction des jurés et monte sur la petite estrade qui succède au pupitre des témoins. Maître Muglar, sans que je puisse comprendre comment il a su où se trouvait le chien, claque des doigts et aussitôt le labrador rebrousse chemin tout honteux d'avoir été rappelé à l'ordre puis se niche sous la table de l'avocat, aux pieds de son maître.

— Comment vous expliquez que vous ayez reconnu les faits et que votre version était exactement la même que celle de vos co-accusés ?

— J'avais des problèmes de santé, j'avais sommeil, je voulais que ça s'arrête. J'ai inventé.

— D'accord. Donc vous avez inventé et par une coïncidence extraordinaire vous dites la même chose, les mêmes détails, que les co-accusés !? s'énerve le président en haussant la voix en même temps qu'il brandit les différents procès-verbaux.

— Je n'ai jamais dit ça …

— D'accord, donc c'est les policiers qui ont fait un faux ? C'est criminel ça monsieur, il faut porter plainte !

— Je suis désolé, je savais pas les conséquences.

— D'accord, donc s'accuser d'un meurtre vous ne saviez pas les conséquences ? s'écrie le juge rouge de colère.

Le Président, déchaîné, a les yeux exorbités tandis qu'il continue son pugilat :

— Est-ce que vous prenez la Cour et les jurés pour des imbéciles ?

— Je suis désolé, je ne savais pas quoi faire.

— D'accord. Donc quand vous ne savez pas quoi faire vous vous accusez de meurtre ? rugit le président hors de lui.

— Les policiers me harcelaient de questions, je voulais juste que ça s'arrête, maintient Balagam.

Le président jette l'éponge, laissant la parole au Procureur général qui rempile :

— Vous dites avoir été harcelé de questions. Pourtant, la police vous pose seulement une question, juste une : Que s'est-il passé lors de cette journée ? Et vous avouez tout dans un monologue de 25 lignes dans le procès-verbal. Pas une seule fois ils ne vous interrompent. Qu'est-ce que vous en pensez ?

— Je … j'étais fatigué, je voulais que tout s'arrête. Il était comme un frère pour moi.

Frustré par ce dialogue de sourds, le procureur se rassoit.

— Merci de ne pas avoir répondu à ma question, lâche le vieil homme à robe rouge avant de laisser la parole à Maître Muglar qui n'en pouvait plus d'attendre son tour.

Ce n'était pas la première fois que je remarquais une chose tout à fait étrange dans une cour d'assises, chose dont je n'étais d'abord pas certain puis qui peu à peu s'est confirmée : Tout naturellement, le président et la cour appellent la victime par son prénom, alors qu'ils nomment les accusés par leur nom de famille. Ce phénomène qui s'installe de manière tout à fait inconsciente est encore plus frappant ici que les noms exotiques des prévenus sont d'autant plus compliqués à prononcer qu'ils sont longs. Mais les criminels, on préfère s'en éloigner le plus possible. Notre société s'est construite autour du mépris des tueurs ou de violeurs, et même si l'art exprime une certaine fascination romanesque pour les meurtriers, il n'en demeure pas moins que leurs mobiles sont condamnés par tout ce qui fait figure d'autorité (la religion, l'école, la famille, les médias, la politique). C'est donc tout naturellement qu'on veut s'éloigner de la jalousie, de la cupidité, ou d'un égo meurtri, qui sont autant de notions qu'on nous a inculquées de combattre. Mais la victime, elle, on s'y identifie instinctivement car tout le monde peut être victime un jour, donnant aussitôt un sentiment de familiarité, une empathie inconsciente qui soude tout un tribunal où l'unanimité y est pourtant intrinsèquement impossible.

Chapitre 28
LA CLASSE

Cette avocate-là ne ressemble pas à ses confrères. Elle est douce, une qualité qui dans cette profession est plus souvent un défaut. Mais elle, elle n'est pas comme ça. C'est avec une infinie bienveillance qu'elle enlace tendrement ses trois clientes pour leur donner du courage. Les trois prostituées ne comparaissent pourtant pas à la barre, mais il leur faut de la force pour écouter les mensonges de leur ancien proxénète Kinder, surnommé ainsi d'après ses rondeurs et les friandises du même nom.

— Quand vous êtes dedans vous pensez que c'est de l'argent, mais en fait c'est pas de l'argent, philosophe le proxénète.

Il ne nie pas ses activités, de toute manière à part une prostituée qui affirme qu'*il ne fait pas dans les putes mais dans la drogue*, toutes les preuves sont contre lui. Ce qu'il nie c'est d'avoir frappé une de *ses filles* à coups de poêle. Certaines mineures, les autres à peine plus âgées, elles l'écoutent décrire sa version des faits, assises aux côtés de leur avocate qui les protège comme une mère. La peau noire et les cheveux blonds platine, les hauts talons et les faux cils télescopiques, elles dénotent dans le tribunal au style sobrement endimanché. L'une des victimes laisse échapper un murmure :

— Mais c'est pas ce qu'il s'est passé …, laisse échapper une petite voix émue en écoutant Kinder mentir.

La bouche entrouverte, choquée, l'ancienne prostituée de 16 ans a les yeux écarquillés. La présidente s'apprête à lui sommer de se taire mais son avocate est plus rapide, se penchant vers elle d'une voix réconfortante. C'est normal, le mensonge fait presque parti de la procédure. Mais quand on n'est pas habitué, il faut un temps pour réaliser qu'il existe des gens qui mentent avec autant d'aplomb. Lors d'un procès, les avocats de la défense redoutent toujours ce moment délicat où l'accusé expose sa version de la vérité. Parfois il nie, parfois il minimise, parfois il fait porter la faute à d'autres, dans tous les cas je me demande comment les victimes parviennent à garder leur calme quand l'autre affirme une toute autre version des faits. Lors d'un procès pour viol, comment rester stoïque quand celui qui vous a agressé affirme qu'il ne vous a pas touché ? Pire, que c'est vous qui l'avez aguiché ? Comment rester stoïque quand ceux qui vous ont tabassé nient avoir été présents ce jour-là ? Le mensonge est l'acteur principal d'un procès et la raison principale qui justifie l'oralité des débats. On veut voir les gens jouer leur vérité, aux juges de juger leur prestation.

Les travailleuses du sexe ne sont pas les seules à rendre cette audience hors norme. Face à une juge insipide aux cheveux gris et lunettes rondes au bout du nez, l'avocate de Kinder démonte tous les préjugés sur la profession : quarantenaire au teint trop bronzé par les UV, le visage joufflu et les baskets brillantes, elle beugle de toute sa petite taille comme une poissonnière de mauvais goût, de grandes boucles d'oreilles ornant son maquillage trop appuyé, imposant à la cour son assurance décalée qui fait du bien à un métier trop uniformisé. Elle contraste délicieusement avec la douceur, le naturel, et le calme discret de l'avocate des travailleuses du sexe. Alors que l'avocate de Kinder essaie de clarifier ce que son client peine à dire, il s'exclame soulagé :

— Exactement comme vous avez dit, vous êtes rentrée dans mon cerveau !

Puis, il baisse les yeux et murmure à lui-même :

— C'est vrai, j'ai pas été … j'ai pas été classe.

Chapitre 29
LE JUSTICIER ET LE JUSTEMENT

Ce n'était pas la première fois que Marie fuguait. À 14 ans déjà, sa famille d'accueil n'avait rien pu faire pour l'empêcher de se prostituer. Cette fois-ci, ses parents n'avaient rien pu faire non plus. Elle avait fui Montpellier pour se prostituer à Paris, elle avait à peine 16 ans.

Pour juger cette affaire de proxénétisme sur mineur, six magistrates font face à deux jeunes hommes. La binarité de la salle d'audience est présidée par une juge maigre et grande, dont la pâleur est surplombée par une impressionnante touffe de cheveux gris-poussière qui dessine une auréole tout autour de son visage creusé. Elle ressemble davantage à un dessin d'un roman de Roald Dahl, incarnant les traits d'une gentille sorcière un peu malicieuse, qu'à une juge qui traite d'affaires de proxénétisme.

Bouba ne nie pas être sorti avec elle. Ce qu'il nie, c'est d'avoir loué une vingtaine de chambres d'hôtel pour qu'elle se prostitue, d'ailleurs il assure n'avoir jamais rien su de ses activités, jamais, il le jure.

— Vous ne saviez pas !? lui lance incrédule la juge. Et comment avez-vous réagi quand vous l'avez appris ?

— Justement, j'étais dégoûté. J'étais dégoûté, répète-t-il avec un air de dégoût bien préparé. J'avais peur que des gens nous voient dans la rue et qu'ils se disent qu'ils l'ont déjà vue quelque part …

— D'accord, donc vous quand votre petite-amie vous dit qu'elle se prostitue, vous ne vous inquiétez pas pour elle, non, ce qui vous gêne c'est l'image que vous allez renvoyer aux autres ?

Avec ses courtes dreads frisées, Bouba ne ressemble pas à l'image qu'on se fait du proxénète. Pas plus que son complice debout à ses côtés, même âge même jeunesse, qui *assurait la sécurité* de Marie pendant les passes.

Le complice, lui, a avoué, mais par peur des représailles il ne veut incriminer personne. Pourtant toutes les preuves sont contre Bouba, jusque dans les conversations téléphoniques interceptées qui font à chaque fois référence à un certain J-M.

— J-M, c'était vous ? demande-t-elle à Jean-Marc Bouba.

— Non, je ne sais pas qui c'est, rétorque le jeune homme avec aplomb.

La procureure laisse échapper un sourire tellement l'interrogatoire tourne au ridicule.

— Très bien. Bon, moi je commence à perdre patience, prévient la juge. J'ai lu vos conversations téléphoniques. Elles ne sont pas très claires et assez fastidieuses à lire. Qu'est-ce que je me suis ennuyé … Bref, qu'est-ce que c'est un *iencli* ?

— C'est un *client*, répond Bouba.

— Oui, tout à fait, c'est du verlan. Et vous parlez souvent de *iencli* dans vos appels avec Marie. Vous lui demandez comment ça s'est passé avec le *iencli,* vous lui demandez également si elle a fait une bonne journée … Qu'est-ce que ça vous évoque ?

Bouba, malgré l'absurdité de ses réponses, a une faculté de mentir impressionnante. Tous les accusés rencontrés jusqu'alors se prenaient à un moment ou à un autre les pieds dans leur tapis de mensonges, se contredisant eux-mêmes fatalement au bout de quelques questions, dépendamment de leur intelligence. C'est parce que l'exercice du mensonge est ardu que les débats sont oraux. Il faut se souvenir exactement de ce que vous avez dit il y a quelques minutes, quelques heures, quelques années, les juges ayant une faculté étonnante à retrouver LE procès-verbal d'une précédente audition qui vous met en porte-à-faux. Le menteur doit redoubler de vigilance pour ne pas se contredire et mettre cette incroyable mémoire au service d'un discours cohérent tout le long d'un interrogatoire en apnée. Bouba ajoute à cela une spontanéité déconcertante qui troublerait les moins aguerris. Doté d'une intelligence nonchalante, le jeune homme pense mal mais vite, faisant de lui un criminel d'autant plus dangereux qu'il désarçonne sans difficulté ceux qui n'ont pas sa vivacité d'esprit.

Bouba a un tic de langage. Une fois que l'on s'en est aperçu, il éclate aux oreilles et fait par la même occasion éclater toute sa crédibilité. Il introduit presque toutes ses réponses par *Justement*, comme s'il remerciait qu'on lui pose cette question qui, *justement*, prouve son innocence. Son utilisation systématique en serait presque comique si elle ne cherchait pas à nier l'exploitation sexuelle d'une mineure.

— Pourquoi vous lui payez chaque nuit un nouvel hôtel ?

— Justement, c'était pour l'aider à se sortir de la prostitution ! ose-t-il avec cet air de justicier incompris.

— Ah, parce que dans un hôtel on ne se prostitue pas ?

— Justement non. Il faut passer par l'accueil et se présenter, les clients n'aiment pas.

— Et chez vous ? Vous étiez en coloc, vous auriez pu l'héberger non ?

— Justement non, il y avait mon ancienne petite amie qui vivait chez moi, elle était enceinte, je devais m'en occuper.

— Il y avait votre ex enceinte chez vous pendant que votre petite-amie dormait chaque nuit à l'hôtel ?

— Justement, c'est pour ça que je pouvais pas l'héberger je vous dis, s'impatiente-t-il.

— Et donc selon vous dans un hôtel on ne se prostitue pas … Bah elle s'est gênée tiens ! irone la juge fatiguée par les réponses de ce menteur effronté.

Bouba se tient droit, alerte, la tête haute. Je me demande ce qu'aurait donné un interrogatoire avec le juge Fogassy, l'un disant inlassablement *D'accord*, l'autre répondant sans cesse *Justement*.

— Vous avez dit lors de la perquisition que vous ne saviez pas qu'elle se prostituait et que c'étaient les policiers qui venaient de vous l'apprendre, or vous venez de nous dire que vous saviez déjà depuis un mois. Vous avez donc menti aux policiers ? demande la procureure.

— Justement non, répond Bouba. Je ne savais pas, je n'avais pas vu tous les préservatifs qu'il y avait dans la cuisine et dans la chambre.

— Mais … vous venez de nous dire que vous saviez depuis longtemps déjà ?

— Oui, je l'ai lu dans une note qu'elle avait écrite sur son portable. Elle racontait tout dedans, c'était un peu comme un journal intime.

— DONC quand vous avez dit aux policiers que vous ne saviez PAS qu'elle se prostituait, vous mentiez ? insiste-t-elle.

— Justement, non.

La présidente affiche un grand sourire, amusée par cet interrogatoire lunaire qui me fait penser aux peintures d'Escher et à leur non-sens. Malgré l'absurdité des réponses qui affirment tout et leur contraire, Bouba fait preuve d'une telle conviction dans ce qu'il dit qu'un manque de vigilance pourrait semer le doute. Ce n'est plus le contenu de ce qu'il dit qui importe, mais cette manière assurée et catégorique de parler dont normalement seuls les avocats osent se prémunir. Ce *Justement* brouille les pistes car automatiquement le cerveau enregistre que ce que Bouba va dire le déresponsabilise des accusations, quelle que soit la suite de la phrase. Ce moyen rhétorique oriente insidieusement les débats alors qu'il repose uniquement sur du vide.

— Votre complice, lui, nous a dit qu'il avait des doutes sur son âge dès qu'il l'a rencontrée la première fois. Vous-même n'avez eu aucun doute ?

— Justement non elle se maquillait tout le temps, vous savez avec le maquillage on paraît plus vieux.

— Mais quand vous dormiez ensemble, elle gardait pas son maquillage pour dormir tout de même … ?

— Justement, elle retirait juste ses faux-cils avant d'aller dormir.

Excédée, la juge capitule.

Bouba se tient droit, contrairement à son acolyte dont les accusations lui courbent le dos. Bouba, lui, n'est pas prêt à baisser les yeux. Assurément plus malin que les autres, il était le chef du petit réseau de proxénétisme qu'il s'était créé et qu'il manipulait à son gré, loin de ses rêves de devenir footballer professionnel. Des rêves d'enfant, de ceux qu'il avait quand il a quitté la Côte d'Ivoire pour venir en France, mais son manque de discipline tua ses ambitions en même temps qu'elle l'entrainait dans une délinquance anonyme comme il en existe tant d'autres. Lors des réquisitions, la procureure insistera sur le déni malgré les preuves accablantes, un déni poussé jusqu'à l'absurde, jusqu'à même soutenir qu'il n'a jamais fait qu'œuvrer pour que Marie arrête la prostitution.

— Il n'y a pas grand chose pour me rassurer, déplore la procureure.

Quant à l'avocate de la partie civile, elle recadre aussitôt l'affaire :

— Ce n'est pas *La fille qui a fait ça*, ou *La fille en question* comme en parle avec mépris les accusés, c'est *Marie*. Elle a un nom.

D'ailleurs, Marie n'est pas là aujourd'hui. Plus personne n'a de nouvelles d'elle depuis des mois, elle ne répond plus au tribunal ni à l'association d'aide aux victimes de viols qui la représente aujourd'hui en tant qu'administrateur ad-hoc. A-t-elle subit des menaces ? Souhaite t elle oublier ? Immanquablement, elle a fugué à nouveau.

— Marie sera traumatisée par ce qu'il s'est passé, c'est évident. Peut-être que ce traumatisme a déjà fait surface et c'est pour ça qu'elle a disparu, peut-être que ce sera dans des années, on ne sait pas. Mais ça, les deux accusés n'en n'ont pas moindrement conscience. La détention provisoire n'a eu aucun effet sur eux. Il y a ici une sorte de *dispersion de la responsabilité*. Ce n'est jamais de votre faute : C'est Marie qui leur a menti sur son âge, c'est Marie qui s'est prostituée, ce sont les clients qui sont fautifs …

L'avocat de Bouba tente tant bien que mal de nier la vérité avec autant d'obstination que son client mais avec beaucoup moins de talent, apparemment peu à l'aise avec cette mauvaise fois grotesque. Se rendant compte du peu d'effet de sa prestation, il change d'approche et s'adresse à son client :

— Lors de sa déposition en début de procédure, Marie fait tout pour ne pas vous incriminez. Pourquoi selon vous ?

— Justement, parce qu'on était amoureux.

Un amour qui a beaucoup rapporté à Bouba puisque Marie évoquait aux policiers un chiffre d'affaires s'élevant à 30 000 euros. Les deux prévenus encourent jusqu'à 10 ans d'emprisonnement, mais la procureure ne requiert que 5 ans, dont 2 avec sursis. C'est trop pour l'avocat de Bouba qui tente dans un premier temps de faire oublier à la cour le désastre des interrogatoires :

— C'est normal qu'il dise n'importe quoi, il n'a même pas réussi à finir son CAP coiffure …

La juge relève la tête, surprise. Ce n'est pas la première fois que j'assiste à l'humiliation publique pour prouver la bêtise d'un client, utilisant le manque d'intelligence comme un argument pour le défendre, mais c'est toujours un peu surprenant et dérangeant. L'avocat rappelle alors que son client n'a que 21 ans, qu'il faut lui laisser une chance. 21 ans, je reste stupéfait. Sa malhonnêteté, ses mensonges vomis avec autorité, sa capacité à manipuler, son indifférence outrancière au traumatisme qu'il a pu causer, tout me semble d'autant plus effrayant qu'il semble déjà aguerri pour son très jeune âge. Que va devenir un individu qui n'a aucun remords à utiliser son intelligence pour exploiter et détruire les personnes en détresse ?

Quelques heures plus tard, le verdict tombe. Bouba sera condamné à huit mois de prison ferme.

La peine me surprend, elle semble minime par rapport au crime commis. Huit mois pour avoir monnayé plus de 300 fois le corps d'une mineure. Soit un peu moins d'un jour de prison par relation sexuelle. Il est parfois difficile de comprendre une condamnation, d'autant que de nombreux paramètres nous échappe : une surpopulation carcérale avec 72 000 détenus pour 60 000 places en 2022, les effets délétères de la détention, un taux de suicide dix fois supérieur qu'à l'extérieur …, mais tout de même. S'il est à noter que 60 % des sortants de prison sont à nouveau condamné pour de la prison ferme dans les 5 années qui suivent leur libération, Bouba remplit toutes les conditions pour en faire partie.

La vraie question qui se pose ici est : que faire des individus qui ne comprennent pas le mal qu'ils ont causé ? Comment faire pour éveiller l'empathie des individus ? Au fur et à mesure des procès, un étrange sentiment se joint à moi, que je n'ose pas formuler tant cela me semble étrange, mais qui s'impose aujourd'hui à moi : l'égoïsme est-il une maladie ?

J'ai la sensation qu'il existe des êtres dépourvus de la capacité d'altruisme, dans le sens où leur cerveau n'a pas ce réflexe de se mettre à la place de l'autre. Quand la juge a demandé à l'un des prévenus aujourd'hui s'il aurait réagi avec autant de légèreté si c'était sa sœur qui s'était prostituée, celui-ci a enfin eu une émotion à la hauteur du préjudice. Mais comment se fait-il qu'il n'ait pas eu plus tôt cette pensée pour autrui ? Est-ce une anesthésie progressive et inconsciente de la sensibilité, une carence naturelle, un choix ?

Chapitre 30

QUI EST LEUR PÈRE ?

La femme de Moussa ne saura sans doute jamais. Après le meurtre de son mari, elle a mené l'enquête, obsédée par la découverte de cette vérité qui lui échappe. Qui a tué mon mari ? Petit à petit, goutte à goutte, elle découvre que cet homme discret avec qui elle partageait sa vie depuis quinze ans participait à un trafic de drogue, pas le petit trafiquant non, celui qui avait des responsabilités, suffisamment pour que sa petite enquête finisse par gêner. Bientôt, elle trouve des gens cagoulés devant sa porte le soir, devant l'école de ses enfants, on la suit en voiture, à pieds … Elle a si peur que chaque soir elle met son frigo devant sa porte, même si elle sait bien qu'un frigo n'arrêterait pas grand monde, surtout pas ces gars-là, quoi qu'une nuit on fracture sa serrure et heureusement qu'il était là le frigo.

Malgré toutes ces intimidations pour l'empêcher de témoigner, la veuve en talon aiguilles se tient à la barre aujourd'hui, prête à révéler ce qu'elle a découvert. Elle tient la barre des deux mains, fermement accrochée comme pour montrer aux deux prévenus dans le box qu'elle a tenu bon, qu'ils n'ont pas réussi à la réduire au silence. Impressionnée par cette femme que la peur et le deuil harcèlent, la procureure lui partage son étonnement :

— On vous voit, même si vous êtes agrippée à la barre, un peu forte … Comment vous faites ? demande-t-elle avec une maladresse hésitante.

— Je suis le reflet, le miroir de mes enfants. Si je tiens pas debout pour mes enfants, qui va le faire ?

La présidente lui demande alors :

— Mais l'argent du trafic, vous ne l'avez jamais vu ?

— Jamais. Les policiers pourront vous le dire. Quand ils sont venus chez moi, ils ont vu le frigo fermé avec du scotch, il y a des dégâts des eaux dans l'appartement, les vêtements des enfants c'est compliqué … Même quand les policiers ont ouvert mon dressing, ils se sont regardés et ont dit *Pas le profil*.

— *Pas le profil* ? s'interroge la présidente.

— Oui, ça voulait dire que j'avais pas le profil d'une femme de dealer. *Pas le profil...*, chuchote-t-elle, c'était étrange ce que j'ai ressenti quand ils ont dit ça, c'était entre la honte et le soulagement.

Dans la cour d'assises aux airs de musée Beaubourg avec tous ses gros tuyaux bleus et son architecture industrielle, cette mère de famille raconte comment son fils de 9 ans a voulu participer à creuser la tombe de son père, puis comment il a porté le cercueil de cet homme qu'ils croyaient connaître. À son décès, personne n'est venu lui présenter ses condoléances, comme si la mort de Moussa avait été un soulagement pour tout le quartier. Car lui aussi on ne voulait pas qu'il témoigne. Il connaissait les assassins d'un règlement de compte qui avait eu lieu comme tant d'autres dans cette banlieue du 92, et il était appelé à témoigner. Alors on l'avait réduit au silence, sans préavis cette fois-ci. Les deux prévenus sont donc accusés aujourd'hui d'un double meurtre. L'un d'eux, Yacine, était le meilleur ami de Moussa. Moussa avait même donné son prénom à son premier fils. Lors de l'enterrement, Yacine, 9 ans, portait donc le cercueil de son père en même temps qu'il portait le prénom de son assassin.

Chapitre 31
LA BOUSE

Dans la salle d'audience au design contemporain abrité par la Roll-Royce des tribunaux, la procureure du Tribunal Judiciaire de Paris se lève pour son réquisitoire :

— Tout le débat repose sur une question : La bouse de vache peut-elle être considérée comme une arme ?

Ce 23 mars 2023, le tribunal correctionnel juge l'embouseur du collectif PARIAS (Paysans Anéantis et Ruinés par l'Idéologie Animaliste et son Système) pour avoir lancé une bouse de vache sur le président de l'association OABA (Oeuvre d'Assistance aux Bêtes d'Abattoirs). Les paysans s'étaient rendus à l'assemblée générale de leurs pires ennemis pour dénoncer le lynchage qu'ils disaient subir injustement. Les tensions sont vives, les uns défendant des animaux maltraités, les autres défendant un métier épuisant et le travail d'une vie.

Voici comment procède l'association animaliste : après décision de justice de saisir le troupeau d'un paysan en raison de maltraitance présumée, l'OABA récupère le troupeau qu'il emmène dans des *fermes du bonheur*. Dans l'attente du jugement, le paysan a le choix, soit il paye à l'OABA une pension hors de prix qui le ruine, soit il décide de revendre le troupeau à une somme modique *décidée unilatéralement par un négociant à bestiaux qui s'en frottera les mains*, une somme dont il ne touchera d'ailleurs que la moitié puisque l'autre sera reversée à l'OABA en remerciement des services accomplis.

Autant dire que l'OABA est la bête noire des éleveurs, dont Mr Hérault à qui elle a saisi les 315 vaches il y a quelques années et qui est aujourd'hui assis sur le banc des accusés. L'éleveur s'était invité en territoire ennemi avec quelques autres membres de son collectif, se pointant à l'assemblée générale de l'OABA pour donner son point de vue sur leurs pratiques parfois excessives et demander qu'on lui accorde de lire un texte de 10 minutes qu'il avait écrit. On lui a coupé le micro au bout de 3. Ce qu'il voulait dénoncer, c'est l'absence de présomption d'innocence jusqu'au jugement des éleveurs, la cruauté des défenseurs des animaux dont les plus virulents encouragent même le suicide des éleveurs, ces *fermes du bonheur* dans lesquelles parfois les animaux n'étaient pas mieux traités, mais ce qu'il voulait dénoncer c'était surtout l'argent indécent que l'OABA se faisait sur le dos des paysans en facturant des frais de pension exorbitants ou en vendant son troupeau, puis en demandant des dommages et intérêts qui n'avaient pas de sens pour achever les paysans.

Mais tout ça, Mr Hérault n'a pas eu le temps de le dire car, conspué sous les huées des militants animalistes, il est poussé vers la sortie, humilié, sous les cris de *Paysans assassins !* alors que lui, ses bêtes, c'était toute sa vie. Croisant le regard du président de l'OABA, c'est son sourire narquois qui l'a poussé à commettre l'irréparable. Au départ, la bouse devait être déversée par terre, mais là, dans un geste de colère impulsif, porté par ces centaines de paysans que l'OABA a humilié et dépouillé, il lui a lancé la bouse au visage.

— On ne se bat pas à coups de bouses de vache. Je suis un peu dépité de devoir le rappeler dans un tribunal, soupire la procureure.

L'avocat du paysan essaie tant bien que mal de rappeler que ce n'était pas une simple bouse de vache, que cette bouse était le symbole de la détresse des agriculteurs dont le métier connait un suicide tous les deux jours. Cette bouse, c'est aussi le ras-le-bol des éleveurs qui subissent du *online-shaming* et du *doxing*, le premier faisant état de la diffusion par l'OABA sur les réseaux sociaux du nom de l'éleveur dont on saisit le bétail pour ruiner sa réputation, le second étant relatif à la divulgation assumée de son adresse sur ces mêmes réseaux pour aller plus loin dans la vengeance et l'intimidation.

Dans leur manifeste *Contre l'idéologie animaliste et son système*, le collectif P.A.R.I.A.S présidé par Mr Hérault écrivait : *Nombre de raisons peuvent amener tout un chacun à perdre pied à un moment de sa vie, à ne plus trouver la motivation de se lever, et à ne plus accorder tout le soin nécessaire aux bêtes. Sans soutien et face à l'extrême solitude dont souffrent les paysans aujourd'hui, les animaux ne peuvent qu'en subir les conséquences. Plutôt que d'asséner un coup de grâce à ces personnes en leur retirant leur troupeau, nous cherchons à reconstruire un réseau de solidarité avec les éleveurs maltraités par la nouvelle idéologie animaliste en vogue. Ainsi, la notion de maltraitance animale est une simplification grossière d'une réalité agricole complexe qui fabrique du prêt-à-penser et permet de s'acheter une conscience à bon compte.*

Aujourd'hui, Mr Hérault est le porte-parole de ces éleveurs qui ont tout perdu, accusant l'OABA de les sacrifier invariablement, sans distinguer la maltraitance intentionnée de la négligence imputée à des paysans à bout de force, sans aider ceux qui ont la volonté de mieux faire.

L'avocat du paysan essaie maintenant de faire oublier la bouse, au fond ce n'est qu'une tarte à la crème revisitée, de celle qui a été lancée sur Ségolène Royal en 2006 et pour laquelle son auteur a écopé d'une simple amende de 150 euros avec sursis. Alors que l'audience est suspendue pour le délibéré, un membre du public s'avance vers le président de l'OABA.

— J'ai tout perdu, lui glisse le monsieur aux cheveux blancs avec un regard de haine.

Frédéric Freund ne prend même pas le temps de dévisager le paysan aux cheveux blancs.

— Ah bah c'est pas de ma faute, lui répond il sans un regard.

Le monsieur aux cheveux blancs le regarde s'éloigner vers la sortie. S'il avait eu une bouse de vache entre les mains, certain qu'on l'aurait vu voler.

Chapitre 32
LE TEMPS TUE

9 janvier 2023. Cour d'appel du tribunal de Paris, île de la Cité. Le dispositif est à la hauteur. Les journalistes bordent l'entrée, micros et caméras dans les mains, perches dans les airs. Les avocats répondent aux projecteurs dans la salle des pas perdus, une dizaine d'agents d'accueil en chasuble rose fluo orientent les visiteurs, les parties civiles et même les avocats s'y perdent un peu.

Quand on ouvre les portes battantes de la salle d'audience, c'est un nouveau monde. On quitte l'antique palais de justice de pierre et d'histoire pour entrer dans une immense salle de modernité sans fenêtre, rectangle de soixante mètres de long sur dix mètres de large, ponctuée par sept écrans géants suspendus du plafond qui filment la scène. Sur les écrans, on peut distinguer une trentaine d'avocats qui fourmillent sur l'estrade. Aujourd'hui se joue la toute première journée du procès en appel du Médiator, un scandale sanitaire à échelle nationale dont les laboratoires Servier sont l'acteur principal. Un triste rôle puisqu'ils sont accusés d'avoir sciemment mis sur le marché un médicament nocif ayant causé le décès de plusieurs milliers de patients, corrompant politiques et agences de régulation pour conserver le droit de nuire. Le stratagème était si bien élaboré que le laboratoire avait menti sur la nature de leur médicament, permettant à tous ceux qui l'utilisaient de se faire rembourser par la sécurité sociale et les mutuelles. Le Médiator, présenté comme antidiabétique, était en réalité une amphétamine un peu modifiée utilisée comme coupe-faim pour maigrir, les laboratoires Servier s'étaient donc arrangés pour que l'état paye vos kilos en moins.

Certains avocats prennent discrètement des photos, eux-mêmes impressionnés par l'ampleur du dispositif. C'est dans cette immense salle construite en 2022 pour le procès des attentats du 13 Novembre qu'ont également été jugés les complices des attentats de Nice. Je les compte, ils sont quarante et un maintenant, en robe noire à froufrou blanc, à s'exciter sur la scène. Il est 13h30 maintenant, et tout le monde ici attend la fameuse sonnerie qui fera entrer les acteurs principaux d'un procès qui durera cinq mois. Le box en verre des accusés, long d'une dizaine de mètres, est vide cette fois-ci. Beaucoup de cheveux gris et blancs parmi les parties civiles, endimanchés dans des tenues qu'ils préparent depuis longtemps, souvent seuls ou en couple. Ils n'ont pas l'allure parisienne, probablement viennent-ils de loin pour ce procès qu'ils attendent depuis des années. Face au silence respectueux d'un univers qu'ils ne connaissent pas, s'oppose le brouhaha des avocats qui, comme une bande de vieux potes, se font la bise et rigolent, heureux de se revoir après tout ce temps

— Les chaises étaient mieux la dernière fois dis donc ... c'est un coup à attraper des escarres, plaisante une partie civile.

Je recompte. Cinquante avocats dans la salle à présent, les retardataires cherchent une place sur les bancs des parties civiles. Sur la scène principale, trois rangées d'avocats de chaque côté se font face. Sur les tables, une mosaïque de dossiers aux couleurs rouges, verts, bleues qui dénotent avec l'austérité noire des hommes de justice. Il est 14 heures, et tous les avocats sont assis à présent.

La sonnerie. La même qui a crié ma scolarité, une sonnerie de cloche sèche et stridente qu'on redoutait autant qu'elle délivrait lorsqu'elle sonnait la fin de la journée. Tout le monde se lève, comme à l'école. Je remarque un dessinateur, jambes croisées au milieu de l'estrade, qui se met aussitôt au travail. Le président n'a pas son habituel costume rouge flamboyant, et cela me manque, bien qu'il soit vrai que cette première journée ne méritait peut-être pas tant de fioritures. Le président passe des heures à faire l'appel de ce procès en appel. Ironie du sort, certains avocats appelés sont décédés depuis, et ce sont leurs remplaçants qui répondent présents. Au bout d'une heure d'appel qui n'en finissait pas, le président s'excuse de devoir finir la liste de tous les avocats, ils sont trois cents, précise-t-il lui-même un peu lassé. Une heure plus tard encore, il commence à faire l'appel des parties civiles dont certaines décédées, mortes sans doute des conséquences du Médiator, sont maintenant représentées par un frère ou un cousin.

— Oui monsieur, j'ai mangé pendant cinq ans du Médiator, s'écrie un appelé qui bondit de sa chaise, et je...

— Monsieur, le coupe le Président, il y a plusieurs journées prévues pour les témoignages des parties civiles, vous interviendrez à ce moment-là si vous le souhaitez.

En première instance, le laboratoire avait été condamné à verser une indemnité de 158 millions d'euros aux victimes, soit quarante mille euros pour chacune des 6 500 parties civiles, ainsi qu'une amende de deux millions d'euros, alors qu'ils font 10 millions d'euros de chiffre d'affaire par jour, et que le Médiator leur a rapporté 450 millions d'euros. C'est le parquet qui a fait appel de la peine prononcée, jugée beaucoup trop faible. On peut comprendre la décision du parquet : Avec tout l'argent que ces grandes entreprises mettent dans leur défense, l'escroquerie à grande échelle reste très rentable. En déduisant ce que leur a coûté le procès, le mensonge et la mise en danger d'autrui leur a tout de même rapporté plus de deux cents millions d'euros. Le laboratoire pharmaceutique s'en tirerait en grand gagnant et pourrait crier victoire contrairement à d'autres, qui pour un petit vol à l'étalage ou la revente d'une barrette de shit, prennent des peines de prison ferme car ils sont nus face à la justice. Puisque le Parquet a fait appel, le groupe Servier a considéré qu'il devait riposter et faire appel à son tour pour rester cohérent et continuer à plaider son innocence. Malgré l'impressionnant dispositif, le Médiator est un lamentable symbole d'injustice, un poison qui a été prescrit à cinq millions de personnes. Les chiffres donnent le vertige.

Une semaine plus tard, je retrouve la salle d'audience de ce procès dont les débats dureront jusqu'en juin. Face à la trentaine d'avocats, la foule curieuse a laissé place aux bancs presque vides, séchant la présentation d'un vieux professeur à la voix éraillée et fatiguée, qui parle sans passion de benfluorex, de fenfluramine, d'intervalle de confiance, hypoglycémiants, d'hypotenseurs, de récepteurs SHT2B, de valvulopathies, de leptine, de … le président, poliment, lui coupe la parole pour lui demande si on peut aller directement à la conclusion. Mécontent, le vieux professeur à la barre marmonne quelques mots puis s'exécute à contre-cœur. Les cheveux gris, calvitie et veste épaisse marron, il est l'archétype du savant qui a voué sa vie à la science et à sa passion pour l'inconnu.

Selon lui et selon l'OMS, le Médiator est un dérivé d'amphétamine dont le but premier était de faire maigrir.

Les laboratoires Servier le savaient très bien, et ont tout fait pour le cacher pour ne pas qu'il soit classé comme tel. Car ces médicaments coupe-faims n'étaient pas remboursés par la Sécurité sociale, et surtout ils sont interdits en France depuis vingt-trois ans. Les risques de complication étaient trop importants et trop dangereux. Pourtant, les laboratoires Servier ont tout fait pour commercialiser cet anorexigène en prétextant d'autres raisons pour le commercialiser, d'où l'effet antidiabétique qui était le parfait alibi. Et ils ont réussi, donnant pendant trente ans des amphétamines à des millions de personnes, en faisant en plus payer tout ça par l'état … On est loin du petit trafic de drogue, ici l'échelle est beaucoup plus grande et le préjudice financier et sanitaire incomparable. Pourtant les prévenus sont si généreusement défendus qu'ils n'ont pas réellement à s'inquiéter.

Les Belges, eux, ont tout de suite vu l'escroquerie, refusant immédiatement la mise sur le marché. En France, l'autorisation est accordée en 1976 grâce à la corruption de l'Agence nationale de sécurité du médicament, dont plusieurs experts de la commission de mise sur le marché français travaillaient aussi pour Servier comme consultants. Malgré les mises en garde de l'OMS contre l'effet anorexigène du médicament, les laboratoires Servier parviennent malgré tout à le faire classer comme antidiabétique. Ce n'est qu'en 1999 qu'il sera retiré du marché italien, en 2003 du marché espagnol, et seulement en 2009 en France.

Avec le Médiator, vous perdiez en moyenne un kilo par mois, mais certains patients perdaient jusqu'à trois kilos par mois. Outre les problèmes cardiaques parfois mortels, il créait une dépendance comme l'ont prouvé plusieurs études menées peu avant l'arrêt de sa commercialisation.

Le Médiator avait décidément tout d'une drogue. D'ailleurs, le co-inventeur du Médiateur écrivait déjà dans sa thèse de pharmacologie : *« Il est nécessaire d'aider le malade à supporter un régime alimentaire restrictif en lui administrant des drogues susceptibles de lui couper la faim »*. Il avait déjà tout prévu.

Le président aux cheveux courts et gris est homme à faire consensus, de bonne mesure, l'élocution et le verbe agréable, a ce qu'il faut de sympathie mais en même temps ce qu'il faut aussi d'autorité pour tenir une salle d'audience. Après cette présentation que la complexité scientifique rendait inaccessible pour la plupart d'entre nous, un soulagement poli remplit la salle lorsque le président suspend la séance pour une quinzaine de minutes. Le vieux professeur s'empresse de remettre son masque, puis s'assoit pour se reposer. Au retour de l'entracte, il n'a pas bougé.

— J'avais une vingtaine de questions, mais je vais essayer d'en couper quelques-unes pour ne pas vous épuiser, le rassure le Président. Vous pouvez rester assis si vous le souhaitez, la Cour n'y voit aucun inconvénient.

Mais non, le vieux professeur se lève lentement, retire son masque comme d'autres retirent leur chapeau, et se rend à la barre. Sa voix a changé. Alors qu'il parlait avec assurance, le voilà qu'il se met à bafouiller et à parler si bas que le président lui demande à plusieurs reprises de se rapprocher du micro. À l'aise avec une présentation bien préparée, le voilà totalement démuni face aux questions qu'il n'avait pas préparées.

— Si j'ai bien compris, le S422 est la première « brique » à la conception du Médiator, c'est bien ça professeur ?

— Oui ... enfin non ..., balbutie le vieux savant. Pas vraiment, il y a des nuances à appor...

— Pouvez-vous me l'expliquer simplement ? le coupe le Président.

— Non, ça je ne peux pas l'expliquer simplement, lui répond le vieux professeur visiblement un peu peiné de cette vulgarisation forcée.

Preuve en est, il développe une explication tout aussi complexe qu'avant, sollicitant toute la concentration du juge qui démontre une compréhension surprenante, engageant même une discussion scientifique avec lui pour mieux comprendre les procédés de fabrication du Médiator. Ce Président me fascine d'intelligence. C'est un plaisir de se laisser bercer par sa pensée, qui s'articule en même temps que ses mains se meuvent avec grâce et amplitude quand il parle, contrastant avec l'immobilité presque pétrifiée du professeur.

— Vous parlez d'un effet *lipomobilisant*, qu'est-ce que ça veut dire ? Ça, je n'ai pas compris, avoue le président en lisant ses notes.

— Moi je n'ai pas toujours tout compris non plus, concède à son tour le professeur. Ce que j'ai mis dans mon dossier, c'est des commentaires des rapports des groupes Servier que j'ai cités ... je n'ai pas toujours tout compris ...

Par respect pour l'âge avancé du scientifique, le président tente comme il peut de masquer la gêne provoquée par l'aberration de cette réponse venant de la part d'un expert. De toute manière, le vieil homme n'a besoin de personne pour s'en rendre compte. Comme un élève qui aurait peur qu'on découvre qu'il avait fait un copié-collé de toute sa présentation sur internet, le professeur est de plus en plus mal à l'aise. Entre deux bafouillements inaudibles, il parvient à bafouiller quelques mots :

— Dans leurs études, les laboratoires Servier parlent d'effet *lipomobilisant* pour ne pas dire anorexigène. C'est un artifice de langage scientifique en réalité ... Ils cherchaient quelque chose ... une alternative … pour ne pas dire anorexigène …

— Très bien, merci, dit le président en regardant la feuille où il avait scrupuleusement noté ses questions. Est-ce que, selon vous, vous pensez que le Médiator remplissait les actions qu'il revendiquait ?

— Comment ça ?

— Et bien le Médiator était censé être un antidiabétique, est-ce qu'il en était bien un ?

Un long silence s'accompagna de la question du président, pendant lequel je crus que le vieux professeur allait s'évanouir.

— Je … je … Je ne le dirais pas comme ça … J'ai besoin … j'ai besoin de temps pour y réfléchir …, s'étrangle le professeur à l'agonie.

— Prenez votre temps, lui répond le Président.

Malheureusement c'est un temps bien plus long dont a besoin ce pauvre professeur au supplice, mais le Président a besoin d'une réponse.

— Une fois de plus … On a cherché dans les effets du Médiator une explication qui pourrait le dégager de sa caractéristique anorexigène … c'était avant tout un anorexigène …, répète-t-il comme pour se défendre.

Alors que le juge lui demande des précisions sur une conclusion de son rapport, le vieux professeur perd sa voix car il n'a pas la réponse. Il bafouille quelques phrases puis admet :

— Je noie le poisson là, mais je sais que j'ai vérifié les informations quand j'ai écrit le rapport ... Il faudrait que je me replonge dedans …

Voyant bien qu'il le torture, le Président abrège ses souffrances :

— Écoutez, je n'ai pas d'autres questions. Je ne vais pas abuser de votre âge.

Soulagé, le vieux professeur remet son masque sur la bouche comme une libération, comme un droit à ne plus parler, trop heureux de se museler lui-même. À peine s'est-il rassis que les avocats demandent si eux aussi peuvent diffuser des *Powerpoint* pendant leurs interventions. L'huissier, un homme d'âge mûr aux lunettes rondes se lève pour prendre la parole, agacé :

— Alors ce n'est pas *slides, powerpoint, PTT* … c'est *dia-po-ra-mas*. Je suis désolé mais *o*n est en France, on parle français et on arrête les anglicismes, les acronymes etcetera. Excusez-moi cette pointe d'irritation, quoi que justifiée, conclut-il avant de couper court aux débats en abaissant son micro.

Ce fut l'unique coup de gueule de la journée. Un rappel que la langue française est la seule à devoir être utilisée dans ce théâtre qui aime tellement la manipuler.

***

Aujourd'hui, c'est le grand jour. Un mardi du mois de février qui fait salle comble pour celle qui a dévoilé le scandale et accompagné dans la maladie et souvent la mort des milliers de victimes du Médiator. Depuis plus de dix ans, Irène Frachon est l'actrice principale de ce procès fleuve, incarnant avec une telle humilité le courage, la ténacité et l'empathie qu'il est difficile de ne pas l'admirer. À l'issue de son témoignage, aucun des trente avocats de la défense n'osera lui poser de questions tant ils la redoutent.

Irène Frachon parle d'une voix claire et rapide tellement elle a de choses à dire. Toute sa vie a été consacrée à dénoncer ce qu'elle porte aujourd'hui au tribunal : 33 années de mensonges, d'injustice, de vol à grande échelle et de crimes. Au départ, personne ne la croyait, à commencer par les médecins eux-mêmes qui s'irritaient ouvertement de cette pneumologue de province qui venaient dire aux cardiologues qu'ils se trompaient de diagnostic. Convaincue que tous ces patients essoufflés sans raison apparente souffraient de valvulopathies médicamenteuses et non rhumatismales, Irène Frachon s'était mis à dos toute une spécialité de médecins qui la méprisait autant qu'elle les méprisait pour leur obscurantisme forcé.

— Ça, c'est un chirurgien cardiaque qui réfléchit ! Ça arrive …, souffle-t-elle avec humour en montrant le rapport d'un médecin qui commençait à comprendre.

La salle, déjà conquise à la pneumologue, se fend d'un brouhaha de rires. Leur héroïne prend enfin sa revanche après tant d'années d'humiliations. Une par une, Irène Frachon raconte les études qui ont confirmé sa théorie et le crime scientifiquement orchestré par la firme pharmaceutique.

— J'ai pris conscience de l'horreur qu'après cette nouvelle étude, confie-t-elle en faisant référence aux recherches qui ont révélé que le Médiator utilisait en réalité une molécule appelée *norfenfluramine*

Cette molécule est un dérivé d'amphétamine utilisée pour couper l'appétit, similaire à l'Isoméride ou au Pondéral qui sont des coupe-faims interdits depuis 14 ans. Le laboratoire cachait sciemment au public et aux patients qu'il leur faisait ingurgiter un produit interdit à la consommation et qui provoquait des dommages irréversibles et des risques de décès.

— Normalement on prenait cette molécule pendant 3 à 6 mois, mais là des patients l'ont prises pendant 33 ans ! On a fait le siège de l'Agence du médicament une fois qu'on a compris tout ça, mais ça n'a servi à rien. Mes collègues m'ont reçu avec un mépris total, certains en lien très fort avec Servier n'avaient aucun intérêt à ce qu'on y regarde de trop près.

Pendant 33 ans, le groupe Servier a donné des amphétamines à des millions de français, le tout remboursé par la Sécurité Sociale. L'affaire est d'autant plus révoltante que le groupe Servier avait déjà utilisé cette molécule auparavant avec l'Isoméride et le Pondéral, tous deux interdits pour leur dangerosité depuis 14 ans. Pour la vente d'Isoméride, le laboratoire Servier avait été condamné aux États-Unis à verser 4,3 milliards de dollars aux victimes survivantes.

— Pardon de le dire, mais j'ai l'impression d'avoir à faire avec des récidivistes. Quel va être le 4e, le 5e, le 6e Médiator ? s'inquiète la pneumologue.

Ses doutes sont tout à fait fondés. Qui arrêtera le groupe pharmaceutique à tromper encore et encore les patients et le corps médical, corrompant sans scrupule les agences d'autorité sanitaire pour vendre leur poison ?

— Servier, dans cette folie, cette folie furieuse de déni, conteste toute publication scientifique. La plupart de mes collègues qui ont fait des publications ont eu des courriers de la part du laboratoire.

Irène Frachon, qui n'était pas directement victime des laboratoires, ne pouvait pas porter plainte. Elle a donc publié un livre pour révéler le scandale, immédiatement attaqué en justice par le groupe Servier.

Plus la pneumologue étaye ces 33 années de lutte contre le second plus important laboratoire pharmaceutique de France, plus j'ai l'impression naïve que le procès d'aujourd'hui confronte le bien contre le mal. Jamais il ne m'avait été donné à voir d'aussi près l'acharnement à vouloir gagner de l'argent sur la souffrance des gens. Alors que le Médiator était interdit un peu partout dans le monde, le laboratoire usait de toutes ses influences et de son armée d'avocats pour retarder au maximum la vérité en France. Cette rage, Irène Frachon la porte avec solennité devant la barre, mais son émotion l'emporte quand il s'agit de la bataille des indemnisations.

— Je pense que quand on dit qu'on a fait une erreur – mais une erreur de bonne foi – on fait preuve d'empathie, de gravité. Ici c'est tout le contraire. Le processus était si long que les patients mourraient avant de recevoir quoi que ce soit.

Condamné en première instance à indemniser les patients d'une somme ridicule, le géant pharmaceutique met cependant tout en œuvre pour retarder autant que possible les versements, espérant que les patients meurent avant. Le laboratoire exigeait ainsi une quantité insensée de justificatifs, avant de tous les contester un par un pour gagner du temps.

— Tout était contesté ! Tout ! s'insurge le docteur Frachon. Même les photos des valvulopathies que j'ai prises lors d'opérations, ils disaient que c'était faux !

Des gens qui avaient déjà tout perdu, leur travail parce qu'ils étaient trop épuisés, leur vie de couple parce que faire l'amour leur devenait trop douloureux, qui devenaient essoufflés dès qu'ils marchaient, ils n'ont pas la force ces gens-là de lutter pendant des années contre une énorme machine qui leur rit au nez avec mépris.

— J'ai vu des propositions indécentes. Je lis des courriers qui me font pleurer. On leur dit qu'une amputation de valve ne vaut pas une amputation de jambes ou de bras …

Irène Frachon s'arrête quelques instants, prise d'une émotion qu'elle essaie de contrôler.

— … mais une amputation des jambes ou des bras ça ne tue pas ! s'écrie-t-elle.

Irène Frachon parle avec émotions de tous ces patients venus la voir, même ceux qui pour qui c'était déjà trop tard, et qu'elle a accompagnés jusqu'au bout, jusqu'aux enterrements. C'étaient plus que des patients, c'étaient des frères d'armes, des condamnés qui n'avaient qu'elle pour faire en sorte que leur mort ne soit pas vaine.

— Il y a eu Suzanne, venue de Lyon pour me voir. Après une énorme bataille qui a duré des années, où on devait renvoyer sans cesse de nouveaux justificatifs, elle a été indemnisée 48 heures avant son décès.

Le Docteur Frachon essuie rageusement quelques larmes qui se sont échappées de ses yeux. Elle ne veut pas craquer, non, pour rien elle ne montrerait une forme de faiblesse à Servier.

— Et vous connaissez le slogan du groupe Servier ? Ils ont repris la phrase « Blacks lives matter » et en ont fait « Every beat matters ». Mais quel cynisme, quel cynisme … Ils attendent que les battements de cœur s'arrêtent pour ne pas payer.

Le docteur Frachon s'arrête quelques instants, éprouvée par cette cruauté de masse que rien n'arrête, par cette caricature de l'argent qui peut tout se permettre et qui s'achète le droit de se moquer de ses milliers de victimes. Quelques secondes de silence frappèrent les centaines de victimes présentes, jusqu'où allaient-elles être piétinées ?

— Je n'ai cessé pendant 33 ans d'accompagner les patients. Ils me disent que ramasser du pognon sur la vie des gens c'est dégueulasse.

Sa voix s'éteint à plusieurs moments.

— La société a perdu confiance. J'ai reçu un courrier d'une victime du Médiator qui me disait à quel point on ne peut pas vivre sans justice. Il y a une dernière histoire qui me vient, c'est celle de cette patiente qui avait pris du Médiator pour rentrer dans sa robe de mariée … elle est morte en s'étouffant juste avant de se marier.

À nouveau, sa voix s'éteint. Dos au public, on ne peut que deviner les larmes de colère.

— Vous avez à juger la plus grande escroquerie pharmaceutique en France. Nous comptons sur la Justice. C'est un procès pour l'Histoire, l'Histoire de la santé publique. Je suis désolé de mon émotion, c'est 33 ans de ma vie professionnelle.

Beaucoup auraient aimé l'applaudir, applaudir ces 33 ans de combat, dont le leur. Mais malgré l'intensité des émotions, le tribunal se doit de rester neutre et le président préfère demander une suspension d'audience. À travers son témoignage, c'est la voix de toutes les victimes que le Docteur Frachon a portée à la barre.

— Heureusement qu'il y a des gens comme ça, murmure une victime à sa voisine de banc.

L'autre acquiesce en silence, encore bouleversée par le témoignage de celle sans qui des milliers d'autres victimes seraient peut-être mortes aujourd'hui.

***

Alors que je me rendais à un autre procès le 16 février 2023, je croise dans la file d'attente du palais de justice de Paris un monsieur un peu perdu. Comme bon nombre de visiteurs qui viennent pour la première fois ici, il se trompe de file d'attente et emprunte celle consacrée à l'entrée de la Sainte-Chapelle avant qu'un policier ne l'invite à faire à nouveau la queue de l'autre côté.

Le monsieur à bonnet multicolore, perdu mais heureux d'être ici, me confie qu'il se rend au procès du Médiator pour la première fois. Il l'a ingéré pendant trois ans pour soigner son diabète, avant de devoir se faire opérer du cœur à cause de ça. Découragé par tous les justificatifs à apporter, il n'a même pas demandé d'indemnisations. Mais là, à 70 ans, il est venu de Bordeaux spécialement pour assister pendant une semaine au procès et comprendre comment ces gens-là ont pu faire ça, ça le dépasse autant d'absence d'humanité, il doit savoir.

— Je voulais venir avec mon van et me mettre juste devant l'entrée de leur siège social. J'aurais dormi dedans et j'aurais fait une grève de la faim. Je voulais vraiment le faire, mais avec mon diabète je peux pas.

Chapitre 33
LA CITÉ DES 3000

Cela fait déjà cinq heures qu'ils attendent tapis dans le fond de la salle d'audience. À 19h, ils sont enfin convoqués à la barre. La juge, épuisée de sa journée, repose le procès-verbal qu'elle avait entrepris de lire :

— Et bien vous allez nous expliquer ce qu'il s'est passé, ce sera plus … vivant.

Les quatre jeunes majeurs se regardent, hésitent, puis sans un mot regardent à nouveau la juge.

— Bon, vous, commencez ! tranche la juge en pointant celui le plus à droite.

Lui, c'est Taylor. Il se rendait à la Cité des 3000 à Aulnay-sous-Bois, l'un des quartiers les plus dangereux de France, pour un rendez-vous important. À sa construction en 1967, la Cité des 3000 accueillait 3132 logements, à l'instar de la prison de Fleury-Mérogis qui inaugurait un an plus tard un ensemble de 3200 logements. Des gros blocs de béton pour amasser des populations qui dérangent et qu'on ghettoïse à l'écart, loin de la blancheur parisienne. La Cité des 3000 ressemble à une prison ouverte, un monde fermé sur lui-même, délibérément marginalisé où la multitude de caméras observe en permanence ses habitants. Ces deux projets architecturaux gigantesques nient l'individu pour ne penser qu'en masse, diluant le collectif dans une économie grégaire où l'optimisation urbaine écrase la nécessité du lien. Emblèmes d'une vision totalement déshumanisée, ces monstres architecturaux sont des ennemis de la paix sociale.

Taylor devait y rencontrer la famille de sa petite-amie Laïla, en fugue depuis plusieurs mois, et leur expliquer comment il avait mis leur fille de 16 ans enceinte. Autant dire qu'il ne fallait pas être en retard, il était attendu. Taylor appréhende ce rendez-vous. Pourtant, quand il se rend à la Cité des 3000 chez les parents de Laïla, ce n'est pas à quoi il s'attendait. On lui demande de patienter dans une pièce, seul, puis une dizaine de minutes plus tard on l'invite à s'en aller, sans explication. Taylor ressort de l'appartement sans comprendre. Perplexe, il rejoint sa voiture. Sa voiture ? Oui, c'est bien elle, sans enjoliveurs, les pneus crevés, les vitres cassées, les essuie-glaces tordus. Il a à peine le temps d'ouvrir le contact qu'une voiture lui barre la route, trois passagers sortent et viennent le frapper, dont Jérémy qui ne se cache pas, pas du tout même, au contraire, il est dans son quartier.

Ils sont quatre à la barre : Taylor, et trois gars de la Cité des 3000 dont Jérémie, qui depuis plusieurs mois soutient la famille dévastée par la fugue de leur fille. Jérémy est plus qu'un ami de la famille, il est aussi l'ancien petit-ami de Laïla.

— Ensuite ? s'impatiente la procureure.

Taylor poursuit son récit. D'autres arrivent en scooter, beaucoup d'autres, une foule d'une trentaine d'individus s'amasse, le roue de coups, il tombe, les coups redoublent. Ses lunettes se brisent, et tout devient flou. Perdu, Taylor tâte le sol entre les coups et trouve un couteau par terre, le ramasse et met un coup dans le tas.

— T'as planté mon pote ! hurle un gars de la cité.

Jérémy, touché au flanc droit, retient avec ses mains le sang qui coule et qui coule tant qu'il faut le conduire à l'hôpital. Surexcitée et furieuse, la foule exaltée traîne Taylor dans une cage d'escalier, on lui crache dessus, on lui coupe les cheveux et les vêtements, on lui prend ses clés de voiture, ses bijoux, son téléphone, il n'a plus rien, il ne voit plus rien. La foule se concerte pendant qu'il tremble. Chancelant, il tient à peine contre le mur. Ils le traînent dehors, escortés par cette foule en colère qui le jette dans un coffre de voiture. Terrorisé, il n'a plus la force de supplier, de toute façon la foule qui l'encercle n'a pas du tout l'intention de le laisser partir. Le frère de Jérémy se jette sur lui, le roue de coups et l'asperge de gaz lacrymogène. Aveuglé, en caleçon et en sang, Taylor parvient malgré tout à se mettre debout. Il court, il court aussi vite qu'il peut, poursuivi par les cris et par la foule qui le fait tomber à coups de pieds. Il se relève et court. Il court aussi vite qu'il peut.

— Ils m'ont dit que la seule raison pourquoi ils m'ont pas tué, c'était parce qu'y avait des caméras.

Taylor est un peu grassouillet, la peau très noire, ni beau ni moche, ni grand ni petit, ni sympa ni énervant. L'absence d'émotions avec laquelle il raconte cette journée me laisse perplexe, sans doute ne veut-il pas donner à la Cité des 3000 ce plaisir de le voir traumatisé. Pourtant, il a eu très peur pour sa vie. L'arrêt de travail de deux mois que les médecins lui ont prescrit aurait pu être bien pire. La juge demande alors au frère de Jérémy, lui aussi à la barre aux côtés de la victime :

— Mr Dialo, qu'est-ce que vous dites de tout ça ?

— Rien, je n'y étais pas.

Heureusement, tout a été filmé par une caméra qui se trouvait juste au-dessus. Sauf que la police s'est trompée lorsqu'elle a fait la demande de visionnage, faisant une requête pour visionner les images du 5 septembre alors qu'il s'agissait du 4 septembre. Quand ils se sont aperçus de leur erreur, c'était trop tard, les images avaient été automatiquement supprimées. Les trois prévenus nient tout, et la police a laissé échapper les seules preuves. Erreur ou destruction de preuves dissimulée par de l'incompétence ? La juge, pressée de finir sa journée avant 23h, a fait comparaitre les quatre en même temps. Jusqu'au bout, l'affaire sera bâclée. Une affaire de banlieue qui n'intéresse pas grand monde.

Chapitre 34
UN ANGE À LA BARRE

Parfois, la justice est médiévale. En atteste ce procès à la cour d'assise de Paris où, sous un gros lustre sans élégance qui dénote par son mauvais goût, deux pâtissiers - deux jeunes frères – sont jugés pour avoir tué un fumeur de crack qui tentait de voler leur tiroir-caisse. L'un des frères a une gueule d'ange, l'image parfaite du scout ou de l'aryen, un blondinet svelte, le visage fin, pantalon beige et pull bleu marine, discret, *très doux* selon sa mère et selon tous ceux qui ont pu le croiser. Son frère, lui, a la gueule beaucoup moins sympathique avec son regard dur aux orbites enfoncées dans leur trou, sa peau trop blanche et ses cheveux trop noirs. Ils ont en commun leur petite taille, une éducation dans une famille catholique pratiquante de la Haÿ-les-Roses, un casier vierge, et surtout une boulangerie qu'ils ont ouverte ensemble il y a quelques années près de Montmartre à Paris et qui s'appelle sobrement *Les deux frères*.

•

Seize années se sont écoulées depuis le meurtre en 2007. Hans avait 47 ans le jour de son décès, mais aujourd'hui en 2023 rien n'a changé. Pour sa sœur, le sentiment d'injustice est toujours aussi fort.

— Je peux l'entendre qu'ils ne voulaient pas tuer mon frère. Mais je ne comprends pas. On lui donne six coups de couteau, il était en train de se vider de son sang, puis on l'achève à coups de cric.

En le découvrant en flagrant délit, les frères l'ont poignardé puis, alors qu'il essayait de s'enfuir, ils l'ont rattrapé et fracassé à coups de cric de voiture. On ne parle pas ici de légitime défense mais d'une frénésie de violence disproportionnée.

— On fuit le danger, on ne court pas après le danger ! s'insurge la sœur de Hans qui réfute en bloc la victimisation des accusés.

Habillée d'un grand manteau bleu clair agrémenté d'un foulard en soie coloré, elle porte sa tristesse avec de grandes lunettes noires et des cheveux grisonnant, tristement consciente que le procès risque d'être déjà jugé avant même d'avoir lieu. Accro au crack, Hans vivait dans la rue depuis qu'il était sorti de prison pour vol, cambriolage et séquestration. Il a tout du paria dont la disparition semble soulager la société qui siège aujourd'hui à la cour d'assises. À la barre, cette sœur infirmière de profession, soulage plus de quinze ans de pensées qui tournent en rond dans sa tête :

— Pour un vol, ils l'ont assassiné. Dans les pays les plus barbares, on leur coupe la main aux voleurs, on ne les bat pas à mort pendant qu'ils se vident de leur sang. Il y a la loi, je ne me fais pas justice moi-même.

En 799, Charlemagne promulguait cette loi : *À la première fois, le voleur ne mourra pas, mais il perdra un œil ; à la deuxième fois, on lui coupera le nez et à la troisième fois, il mourra.* La violence physique était l'arme utilisée par l'état pour punir, mais le paradoxe d'une justice barbare était telle que le châtiment a laissé place à la détention. Pourtant les deux frères, emportés par cet excès de colère et d'émotions, n'ont pas attendu la justice.

Dévastée par la douleur, elle raconte alors leur enfance.

— On avait peu d'argent, mais on avait beaucoup d'amour. Hans était encore adolescent lorsqu'il apprend qu'il est né de père inconnu. Ça l'a dévasté, il s'est mis à fumer du shit, beaucoup trop de shit, puis il s'est peu à peu déscolarisé. Il n'acceptait plus l'autorité maternelle puisqu'il n'avait plus l'autorité paternelle.

Personne ne sait depuis combien de temps il était à la rue, tout ce que sa sœur peut dire c'est qu'à mesure qu'il était incarcéré, il devenait de plus en plus toxicomane.

— Je lui avais dit … Je lui disais que tout ça finirait mal. La preuve …, souffle-t-elle à elle-même. À un moment j'ai appris qu'il avait eu un fils mais qu'il ne l'a pas reconnu. Il a répété le même schéma que son père a eu avec lui, soupire-t-elle.

SDF et toxicomane, Hans multiplie les séjours en prison. Pendant cette lente descente aux enfers, elle lui donne de l'argent comme elle peut, même si le sentiment qu'elle finance sa déchéance s'installe peu à peu. À bout, elle décide d'être plus ferme et de ne plus l'aider, espérant un sursaut de sa part. Elle ne peut plus, c'est trop pour elle qui doit déjà être au chevet de sa mère qui depuis plusieurs années souffre de dégénérescence mentale.

La veille du meurtre, son frère sonne à la porte mais elle refuse d'ouvrir car sa mère, qui vivait avec elle et qui sentait la fin approcher, lui dit : *Il faut qu'il assume. Moi, je vais partir.* Bien sûr, aujourd'hui, elle regrette. Elle n'a même pas eu le courage d'annoncer sa mort, préférant faire croire à sa mère qu'il était parti en voyage en Thaïlande, mais vite trahie par les journaux quand par hasard elle apprend son décès dans *Le parisien.* Elle s'est alors laissée mourir. Son autre sœur, elle, est morte de chagrin quelques mois plus tard, arrêt cardiaque. À la barre, le cœur noir, elle énumère les décès de cette année effroyable : Son frère est mort en mai, sa mère en novembre, et sa sœur en juin suivant. En un an, elle a presque tout perdu, plongeant dans une dépression qui la terrasse pendant des années jusqu'à la pousser à mettre fin à ses jours pour les rejoindre. En vain, la mort ne veut pas d'elle. Il n'y a plus que le temps pour l'accompagner mais il n'aide pas, au contraire, la douleur ne fait que grossir. Sans enfant, sans conjoint, seule sa nièce lui donne une raison de s'accrocher à la vie.

— Je suis ravagée par la douleur. Je ne demande pas vengeance, mais simplement justice.

Le verdict tomba quelques jours plus tard. Le frère le moins sympathique, considéré comme porteur des coups mortels, écopa de 15 mois avec sursis, et la gueule d'ange fut acquittée. Légitime défense. Même le procureur général ne croyait pas à cette thèse avancée par leur avocat, mais il ne voulait pas *ajouter du malheur à l'irrémédiable* et avait requis une peine très faible. Pour l'auteur des six coups de couteau, il avait requis cinq ans ; et pour l'autre qui a poursuivi Hans dehors et qui l'a frappé au sol avec le cric pendant qu'il se vidait de son sang, seulement deux ans. Difficile de croire à la légitime défense quand, de l'aveu même de la gueule d'ange, il l'avait frappé parce qu'il ne voulait pas que ce cambriolage reste impuni. Mais il fallait bien un prétexte légal pour justifier une condamnation aussi ridicule.

Que pouvait donc un voleur toxicomane à la rue contre deux jeunes hommes insérés, travailleurs et méritants ? Les avocats de la défense ont réussi à ce que les jurés s'identifient aux meurtriers, jusqu'à oublier une victime si éloignée d'eux. Mais qu'en aurait-il été s'ils avaient poignardé et tabassé à mort un jeune cadre dynamique qui, par excès d'alcool, avait voulu s'emparer de leur caisse ? Cette justice à deux poids deux mesures donne tristement raison à la sœur de Hans qui pendant des années n'avait pas porté plainte par crainte que son frère soit jugé d'office. Comme au moyen-âge, les rébus de la société sont jugés avec cruauté. La vie d'un voleur, qui plus est drogué et à la rue, vaut si peu qu'elle ne mérite pas que d'honnêtes travailleurs partent en prison pour lui. L'excès de violence est toléré si elle s'applique sur les parias. Ce jugement me révolte pour sa nature profondément injuste qui laisse les plus misérables crever avec mépris. C'est seulement parce que la victime incarne ce que la société honnie qu'ils sortent aujourd'hui impunis.

Face à cette belle gueule d'ange, Hans n'avait aucune chance. Après plus de 15 années à avoir redouté ce procès, sa sœur ressortira encore plus dévastée, le peu d'espoir qui lui restait d'honorer la mémoire de son frère a été piétiné. Non, justice ne lui sera pas rendue. Ni à elle qui a vu sa famille mourir en quelques mois, ni à Hans abattu comme un vulgaire chien. Non, la justice ne lui sera pas rendue, elle restera dans les mains de ceux qui s'en sont emparés ce soir-là. Ce procès leur donne raison : parfois, il vaut mieux se faire justice soi-même. C'est peut-être ici une des limites des jurés populaires, eux aussi plus susceptibles d'être emportés par leurs sentiments et la colère. Des sentiments compréhensibles, mais que la société tente depuis des siècles de canaliser. Lors de ce procès, non seulement la justice a approuvé que des citoyens se substituent à elle, mais elle a surtout cautionné une violence disproportionnée et une propension à laisser penser qu'il existe une catégorie de sous-hommes qui ne méritent pas son regard.

CONCLUSION

Dans les palais de justice, le mensonge est omniprésent. La vérité n'est plus qu'une opinion comme une autre, elle est un scénario incarné et interprété parfois avec maladresse par les parties civiles et les accusés, souvent avec brio par les avocats bien rodés à l'exercice. Pourtant, malgré l'aplomb déconcertant avec lequel chacune des parties jurait dire la vérité, les différentes versions des faits ne pouvaient coexister. Il m'a été difficile d'admettre qu'une des parties mentait forcément. Au-delà de savoir qui a raison de l'accusé ou de la victime, cette facilité à mentir et à vouloir manipuler autrui m'a sidéré. Le tribunal est un théâtre de violences inouïes où l'autre est constamment nié, et où les vérités se combattent avec véhémence. Quelle que soit notre situation sociale, financière ou familiale, nous avons tous en nous cet instinct de survie qui, pour échapper à la condamnation, s'empare du mensonge pour écraser celui qui nous menace. Manipuler la vérité est un métier, un marché même, dont les avocats les moins scrupuleux s'emparent avec avidité, et la justice en ce sens a quelque chose d'effrayant car, si nous sommes tous égaux devant le mensonge, nous n'avons pas tous les mêmes moyens pour l'imposer aux autres.

À travers les différentes affaires auxquelles j'ai assisté, je n'ai pu que constater combien la justice était humaine, pour le meilleur comme pour le pire. Car malgré les textes de lois qui donnent un cadre, les jugements dépendent en grande partie de ceux qui les prononcent, de leurs valeurs et de leurs convictions. D'ailleurs, les jurés d'assises se font sans cesse rappeler que leur jugement doit être fondé sur leur *intime conviction*, cette notion floue inscrite dans le Code de Procédures Pénales. Plutôt qu'un ensemble de règles collectives qui s'appliquent à tous, la loi apparait alors davantage comme un outil pour servir l'intime conviction. Les professionnels de la justice s'en servent à leur gré, utilisant leur science du droit pour disposer d'un panel de prétextes législatifs et affirmer leurs convictions : Le meurtre se transforme en légitime défense, les auteurs de violence pourtant dénoncés par de nombreux témoins ne sont pas condamnés pour preuves considérées comme insuffisantes, un vice de procédure anodin permet l'acquittement, alors que d'autres pourtant graves sont écartés d'un revers de la main.

À l'instar de la présomption d'innocence qui est brandie au besoin, la morale est aussi une carte utilisée en fonction des intérêts de chacun. Tantôt les avocats défendent l'État de droit, froid et implacable, tantôt ils appellent à l'empathie des jurés et à leurs valeurs. Ce qui est certain, c'est qu'assister à un procès revient très souvent à écouter une leçon de morale donnée par des représentants de la justice plus ou moins pédagogues, certains prenant le temps d'expliquer à l'accusé en quoi le crime ou le délit commis porte préjudice, d'autres plus vindicatifs ne s'embarrassent pas de cet effort d'éducation. Les *enquêtes de personnalités*, systématiques en cour d'assises, sont l'occasion de tout un tas de commentaires du juge sur la manière d'être au monde du prévenu, son rapport aux autres, son mode de vie, ses addictions, sa manière de penser. Celui qui comparait est un livre ouvert, une histoire qu'on nous raconte et que le juge critique avec plus ou moins de finesse, de tact et d'empathie.

Si la justice tend aujourd'hui à remplacer la religion dans sa fonction d'arbitre du bien et du mal, il n'en demeure pas moins que la Loi reste une croyance. La loi est mouvante, *à la mode,* changeant en fonction de son époque, des gouvernements, des bonnes mœurs, et ce qui pour nous est juste ne l'est parfois pas derrière nos frontières, tout comme ce qui était condamné jadis ne l'est plus aujourd'hui. Si chacun des jugements concerne des individus, la justice éduque une population, elle dresse un collectif dans un sens voulu. Une société est un collectif qui croit aux mêmes valeurs, et les juges sont aujourd'hui ce qu'étaient autrefois les prêtres : ceux qui interprètent les textes de Lois, se posant comme intermédiaires entre la Loi et les humains, écoutant les confessions et décidant des châtiments. La seule vraie différence, c'est qu'à l'époque Dieu ne pouvait pas être condamné. Aujourd'hui, les juges peuvent condamner l'État qui n'est plus cette entité intouchable et omnipotente. La justice est un aveu d'humilité, le constat simple qu'elle n'est qu'une croyance construite par des humains, des humains qui se trompent souvent.

Devenez auteur chez Les impliqués

Comme l'auteur du livre que vous tenez entre vos mains vous rêvez d'être publié? Alors…

…Vous aussi, osez la grande aventure de l'édition en nous faisant parvenir dès maintenant votre manuscrit. Pour cela, rendez-vous sur notre site:

www.lesimpliques.fr/envoi_manuscrits

Notre comité de lecture se fera un plaisir de vous lire et de vous accueillir parmi nos auteurs.

www.ingramcontent.com/pod-product-compliance
Lightning Source LLC
LaVergne TN
LVHW050647051026
849532LV00002B/557